申纪兰在西沟这条路上一走就是60年。

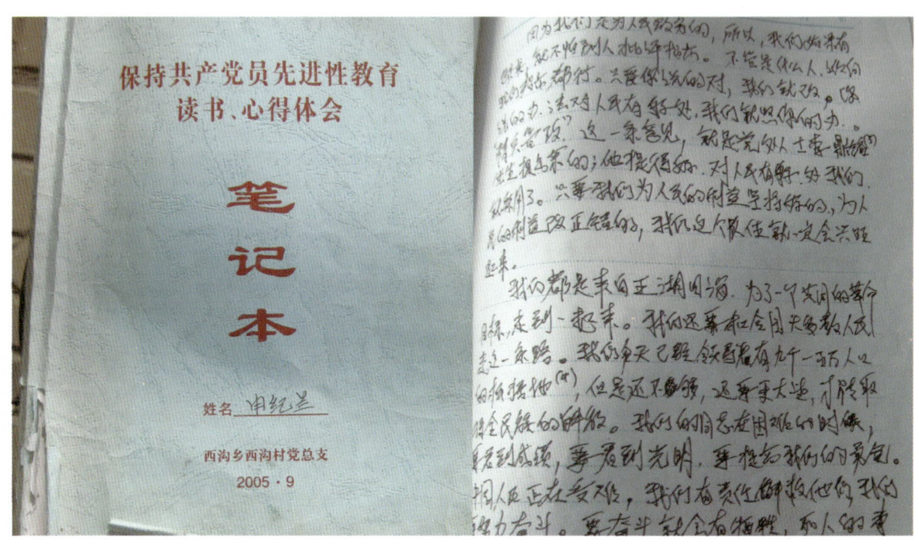

申纪兰同志工作学习笔记本。

申纪兰在西沟教育基地。

2010年6月9日，山西省委书记袁纯清（右一）到西沟调研。袁纯清同志参观完西沟展览馆，又去了申纪兰的家，他握着申纪兰的手对身边的干部群众说，“纪兰精神”是新时代太行精神的延长和发展，“纪兰精神”就是艰苦斗争的精神，山西的发展仍然需要艰难奋斗。

2009年6月25日，山西省省长王君（右三）到西沟调研。调研中，王君同志强调：心系群众、服务人民、艰苦奋斗、勤俭节约、与时俱进、开拓创新是党的优良传统和作风，是纪兰大姐一生的追求和行动准则。

2010年2月6日，山西省长治市委书记田喜荣到西沟调研。

申纪兰与平顺县委书记陈鹏飞研究西沟红色旅游发展。

申纪兰（右二）发动妇女参加劳动。

申纪兰和全国劳模武侯梨（左）、郭玉恩（中）在一起。

1954年，出席第一届全国人大一次会议的山西四位女代表，从右到左依次是申纪兰、李辉、郭兰英、胡文秀。

1954年9月，申纪兰在第一届全国人大一次会议上投票。

申纪兰带领村民参加劳动。

李顺达和申纪兰带领村民在山上栽油松。

“山连山，沟套沟，山是石头山，沟是乱石沟。”这就是申纪兰用顺口溜描述的旧西沟。

“山上松柏核桃沟，河沟两岸种杨柳。梯田发展经济树，西沟发展农林牧。”这就是今天的新西沟。

中纪兰60年工作笔记

申纪兰◎著

北京联合出版公司

图书在版编目（CIP）数据

忠诚：申纪兰60年工作笔记 / 申纪兰著. — 北京：北京联合出版公司，2011.9

ISBN 978-7-5502-0294-8

Ⅰ.①忠… Ⅱ.①申… Ⅲ.①申纪兰—先进事迹 Ⅳ.①D263

中国版本图书馆CIP数据核字（2011）第168990号

忠诚：申纪兰60年工作笔记

作　　者：申纪兰
选题策划：辛海峰
责任编辑：史　媛
封面设计：吉安工作室
版式设计：刘碧微

北京联合出版公司出版
（北京市朝阳区安华西里一区13号2层　100011）
北京嘉业印刷厂印刷　新华书店经销
字数：140 千字　166mm × 235mm　1/16　印张：15
2011年9月第1版　2011年9月第1次印刷
ISBN 978-7-5502-0294-8
定价：29.80 元

序

温暖

这本书弥足珍贵。

主人翁是一个老劳模，一位老人大代表，一名老共产党员。这是一个农家女儿的六十年，也是共和国的六十年。

申纪兰，作为全国唯一一位从第一届到第十一届的全国人大代表，在这本名为《忠诚》的书中第一次比较完整地述说了她从一个农家女儿到劳动模范再到人大代表的人生历程，也记录了我们的祖国从积贫积弱的旧中国到社会主义新中国再到屹立东方的现代化强国的发展历程。

西沟是她的标志，劳模是她的身份，人大代表是她的责任。

上世纪五十年代，一个二十几岁的农家女儿，当农业合作社副社长，加入中国共产党，当全国劳模，当全国妇联执委，出席世界妇女大会，受毛主席接见，被周总理请到家里做客，一步一步带领西沟人开山、种树、致富，巨大荣耀融入巨大的责任，党的不尽恩情化成永恒的信仰。

“没有在旧社会活过的人，很难理解我心中的恩情，也不会想到我们这个国家是怎走过来的。我1953年加入中国共产党，我就是一名共产党员，我当这个干部，就得为党为国为人民服务。我还是那句话，你要有私心，就不要当干部；你要当一名共产党员，就要为人民服务。实践是检验真理的唯一标准。这个唯一标准就是你干的事情，哪个对，哪个不对，才能总结出你自己这一生到底是甚人，是为人民，还是为自己了，是一心向党，还是私心太重，最后的结果就在这个上边哩。”

这就是申纪兰，她很朴素，走路快，做事快，不讲多高深的话，却六十年不改本色，六十年勤勤恳恳，六十年艰难跋涉，诠释着一个共产党员对党的忠诚。

我和申纪兰同志相识已三十七年，她是一位让我敬重的人，在十一届全国人大我们又有缘在一个代表团，往事新情，让我难以忘怀。

1974年，我从内蒙古调回山西省委工作，妻子调山西省妇联机关。申纪兰同志以其声望时任省妇联主任，但大部分时间仍在基层，并不驻机关办公。当时“文化大革命”还未结束，各方面很不正规。我们由外地调来，第一件头痛的事就是没有住房，孩子又小，四处奔波借住，十分狼狈。老申知道了这件事，找到我妻子说：“我这个主任关心干部不够，让你们为难。不要费劲了，你们小两口和孩子就住在我的办公室吧。反正那房子长年空着，也是浪费。”说着拿出了钥匙。我们再困难，也不敢接这把钥匙呀。但心里一直热乎乎的，多年以后还常记起。

还有一件事。当年申纪兰参加各种会议活动较多，机关常要代她填表，当时她从省到县已兼有多种职务，有各种头衔，但她每次都要叮嘱工作人员：“前面那些填不填都行，村支部书记这个职务一定不要落下。”她是一个不忘本的人，常说，劳动模范离开了劳动还算什么劳模。

虽相识多年，我却一直无缘到她的西沟村一看，直到前几年春天终于有了一次机会。西沟，真是深山大沟，前沟后沟沟套沟。老申已是七十八岁的人了，领着我翻梁下沟如履平地。她先领我看西沟发展史的源头，解放前的沟底破窑，又看如今满山郁郁葱葱的树林。村里依山而建的层层窑洞，比城里鳞次栉比的水泥楼房更令人赏心悦目。在坡上她指着一孔破败的窑洞说，那就是当年她的引路人、老劳模李顺达逃荒来这里落脚的地方。

我奇怪这大山里的交通之便，不管哪条沟，车子都可进可出。原来这里也有老申的功劳。过去山区多年通不了路，老乡头年买个猪娃抱着上山，第二年长成大肥猪，却抬不下山。山货运不出，看病难，上学难。作为人大代表，申纪兰对这种关乎民生的现状很是揪心，2001年她在全国人代会上正式提出议案，请政府关注山区交通建设。交通部负责同志立即率人到太行山区调查部署修路。政府亦相应拨款。现在山区已村村通公路、通班车。这通车之便还带来另一情况，常有外省市的村民慕名到西沟来，向人大代表申纪兰反映本地的民情和积案，老申都认真听取。

从西沟回来，我一直在想一个问题。什么是人大代表，就是要代表人民说话；而要能代表人民说话，先得自己不脱离人民，永葆一个普通劳动者的本色。以申纪兰的资历，从一届代表当到十一届代表，已是全国名人，就是任何一个文体明星也未有她这样在媒体上占据的时间长。上到中央下到省市，她不知曾结识过多少领导，多少大人物，她也有多次机会去高就他职，但她从没有什么非分之想，从没有借机为自己办一件私事，三个孩子也都是平头百姓。爱因斯坦说居里夫人是欧洲唯一没有被荣誉宠坏的名人。申纪兰顶着名人的光环已半个多世纪，却没有一点名人的架子。她确实以代表的身份为人民办了不少事，有的还是很不一般的大事，但她从来不说，也不让媒体宣传，这正是她最让人敬重的地方。每次到北京开人代会时，总有许多人围住她签名，又有人买了很多首日封让她签名，这成了她的一大负担。我常劝她适当谢绝，她却说：那是人家对咱的信任。

2009年，新中国成立六十年专题记者在采访结束后问她，如果用两个字概括自己，她会选哪两个字。申纪兰毫不犹豫地说："忠诚。"这是一位让很多接触过她的人感怀的伟大女性。她经常说："我最感谢党的是，没想到（旧中国）四万万五千万逃荒要饭，没想到（新中国）十三亿人口解决了温饱问题，过上了好日子，共产党多伟大！"这是多么简单、直接、朴素的感情。

六十年不短，写下这六十年不易，走过这六十年更不易。

所以它很珍贵。

读完申纪兰所述六十年经历，同样要用两个字来形容的话，我想说的是："温暖。"

这种温暖来自于一个从土地里走出来的劳模对土地的感情，来自于从"男女同酬"走出来的人大代表对人民的情感，来自于对自己的领路人老劳模、共产党员李顺达同志一生的恩情与敬重，来自于对解救了自己和全国人民的中国共产党一生的忠诚与追随。

梁衡

2011年6月2日

目　录

1943年，
我是个普通的劳动妇女

我是个普通的劳动妇女，从小就爱劳动。

我父亲走得早，留下娘和我们三姐妹，家里没有劳力，生活难过。五六岁我就开始帮家里干活，送饭、拉牲口、拾柴火、拾粪，反正能干甚就干甚，手脚不停着，劳动倒成了脱不开手的习惯。

1943年，政府号召“组织起来，生产自救，支援前线，渡过灾荒”。李顺达在西沟成立了全国第一个农业生产组织——李顺达互助组，共六户人家，他们都是1938年入党的党员。我们山南底村也跟着成立了季节性互助组。这一年，平顺二区和三区发生了蝗灾，县里动员全县人力去消灭蝗虫。山南底是按互助组拨人去，当时山区农户“支前”热情高涨，很多年轻劳力都报名参加，但大多都是男劳力。我也想去参加，我娘嫌我小，又是女娃，就拦着我说：“你

一个女娃，路又那么远，又要下堎梯，不要去了。”我想去灭个蝗虫能苦成啥样，我就一定要去，最后就和村里的七八个妇女和男人们一块儿去了。没想到这一次灭蝗还真让我受着了，一天走几十里山路，吃没有地方，住也没有地方，围着堎梯爬上走下，一到晚上眼睛都睁不了，最后几天我都要跟不上集体了，男劳力劝我们女劳力回去，有几个女的实在跟不上就回去了。我想你们男人能干，我为甚不能？我咬牙坚持跟男人们打了十几天蝗虫，直到集体轮换的时候才回家。我娘见我衣服也破了，脸也花了，急得眼泪都下来了，我心里却很轻松，我知道我做到了。这次灭蝗，互助组还给家里拨了工分，这让我感到很光荣，这也是山南底少有的事。互助组的干部说：“纪兰虽是个女娃子，却做了男人的事。”我自己的收获是，再多人围着不敢做的事，不一定做不到，路长不过脚，困难大不过人。

为了既能有更多的人力、物力、财力支援前线，又能种好土地发展生产，1943年2月6日，李顺达组织宋金山、王周则、路文全、桑运河、李达才五户贫农成立了全国第一个农业生产组织——李顺达互助组。互助组成立一个多月后，由原来的六户发展到了十六户，改成互助拨工队，下设三个互助小组和一个纺织小组，杨来福、桑运河、王周则分别为组长，李顺达之母郭玉芝为纺织组长，李顺达为互助拨工队大队长。（图为西沟互助组雕像）

1944年，
只要是人能做的活，就难不住我

1944年，山南底成立了妇救会，主席是龙月秀。龙大姐经常叫我去参加她们的会，把我作为她们的培养对象。一到晚上，妇救会的窑洞里只要点着灯开会，我就每会必到。在参加会议的人中我年龄最小，热情却最高，因为她们在会上讲的都是我之前没有听过的话，“妇女解放”“男女平等”“婚姻自由”，我第一次全面接受这些新知识、新思想，包括妇救会干部在会上讲的根据地政府的新政策、新法令，还有革命的新形势。

这些都让我很受鼓舞。

这一年，为了“支前”，村里成立了纺花组，我立即报名参加了。纺花是个需要技术和耐心的细致活计，要不得毛毛躁躁、粗手笨脚，这对我可是天大的难事。从小到大，我只顾做地里的粗活儿，我娘也没工夫教我针线，我连简单的缝补衣裳活都没做过。龙大姐安慰我："主要是精神。"我信心满满地对她说："只要是人能做的活，就难不住我。"

民兵队里的申纪兰（右一）。

我到纺花组报到，第一天一点门道都摸不着，眼看着别人纺得又多又好，自己干着急没法子。纺花是巧活，不是使多大力气就能做好的事，我只好在别人干完活后自己加紧学，晚上吃完饭再去练。慢慢有了门道，速度一下就提起来了，在进纺花组的第三个月，我纺的线最多最好，得了第一名；接着，我还被选为组里的"纺花模范"；再后来在全县纪念"三八"妇女节大会上，我戴上了大红花，受到了大会的表扬和奖励。奖品是一支锭，这是我生平第一次站在大会台前接受荣誉。大会后，龙大姐高兴地拉着我，问我有甚感想，我说："劳动就是好。"她问我怎个好法，我想了半天回答不上来。现在我想出来了，劳动不仅能改变一个人的境况，还能鼓励一个人的志向。

在这次大会上，我见到了全县纺织模范郭玉芝，她来自一个英雄的家庭，是太行区一等劳动英雄李顺达的母亲。

1945年，
支援上党战役

这天晚上妇救会开会，说到打了八年的日本鬼子终于投降了，所有人都高兴得哭了，但接着学习县政府通告，大家就又发起愁来，国民党阎锡山在日本鬼子投降不久，猛然对解放区发动进攻，连抢长治、长子、屯留、潞城、壶关、襄垣六城，中央决定夺回解放区，发动上党战役。作为后援后方的平顺县政府，组织了几千人的运输队，保证前线物资运输。所辖的几个“被服厂”有些供给不足，人员吃紧，“被服厂”里所有织布机日夜不停地转，还是供不上需求。平顺县政府为此成立了纺织指导所，让各村选派妇女去学织布，然后再回村里推广，以应“被服厂”之急。

大家选派我去，我怕学不来误事，要求去运输队。龙大姐说要在最需要的地方出力，织布我最合适。我就硬着头皮去了。

我到纺织指挥所，管事的见我个子高，手脚勤，让我当班长。可我不但不会织布，就连浆线、络线、经线这些都分不清，只能又像纺花一样死学硬练。当班长就要带头，我要在织布技能上带不了头，那在精神上就一定要做到。每天打水、打饭、打扫卫生，我能替集体多出力就多出力，力气又使不完。一有闲空，我就上机学织布，刚开始断线很多，断了又不会接，急得我直想哭。人家都乒乒乒地织哩，我是一会儿就断了，接也接不住，可是哭顶甚哩，还是好好学习吧。我请工人师傅教给我，到别人机上看，看人家是怎织布，怎接线。大家也都愿意帮我，三个月后，我就把织布全套技能全学会了，织出的布还被当成了样品，成了全把势。

回到村里，村里组织了织布小组，让我和陈妞则担任小组长，为全村妇女推广织布经验。这回我一点都不怕了，从不会到会我全经过了，再教别的妇女就不难了。

这一年，村里还发动妇女到工厂纺羊毛，选上的妇女先到工厂学几天，学会了领上羊毛回自己家里纺，纺完缴了线，再领上羊毛去纺。这次我又去了，每天到工厂学纺羊毛。纺羊毛比纺花难，捏得紧了抽不出来，捏得松了是蛇蚪蛋。这也是个难人的事，好在我有了前几次学习的经验，很快就学会了。

纺完羊毛，工厂又叫附近村的妇女给缝洋袖口和背心，每天到工厂领上，回家里缝，缝好了缴回来再领。我和本村的春姣、胖则、小女几个妇女就到工厂缝洋袖口和背心，每天早早地去领上，第二天早早地送回去再领。后来缝的人多了，工厂里货不多，去得迟了就领不上。为了抢先，我每次只能去得比别人早。

西沟“妇救会”纺织组在纺织军用布料。

1946—1948年，
发家致富谁都想

我娘很早就替我订了门亲事，他叫张海良，是西沟沙底栈人，上党战役那会儿，他参军走了，这年他从部队回来要和我结婚。我娘说给我这事儿，我有些想不通，所有的部队都在外面打仗流血哩，他倒回来结婚哩，我觉得他不先进，更怕他是从部队跑回来的。这事儿被县政府民政科的干部知道了，让他把他的请假条拿了出来。原来，他是被他爹娘催回来结婚的，部队特批了他几天假。我就说，现在大家都忙着支援前线打仗，我们结了婚你就回吧，这个你要答应我。他答应了，我就坐着花轿嫁到了沙底栈。

他结完婚也就归队了，我就成了沙底栈的媳妇。

沙底栈是最早划到西沟管辖的村子，地处百里滩河边一个面朝南的山脚，有三十多户人家。西沟原来也是一个偏僻的小山村，自从李顺达在西沟成立互助组，干出了实事，有了名声，才壮大了起来。

我在沙底栈参加了季节性互助组，组里就我一个女人，每天和男人们一起下地干活，我不想像别家的媳妇一样只是在家里做做饭，干干家务。公公和婆婆身体都不好，这个家不能没个劳力。当时的互助组实际上就是个“变工队”，今天给你家干，明天给我家干，无论给谁家干我都一样地不惜力气，组里领头的夸我，也劝我别累着身子。我说，你把我当男人就对了，张海良在外面流血打仗，家里的天我得顶起来。

太行区在长治召开第二届“群英大会”，李顺达再次当选为“一等劳动英雄”。平顺县委向全县人民发出“学习李顺达，努力生产，发家致富”的号召，动员山区农民向着发家致富的方向发展。时任县长任映仑还赠给李顺达四个字：劳动起家。这四个字就刻在李顺达家新房的门楼上。

1947年，西沟民兵在春种时去参加豫北汤阴战役，李顺达借助互助组的优势，在西沟推广“金皇后”优种，用温汤浸种、农药拌种、谷子宽垅密植、玉茭刨窝点种等新技术，收成比往年一下增长了三四成，获得了大丰收。

李顺达一家。门楼上面镶嵌着时任平顺县县长任映仑赠送的四个字『劳动起家』。

1948年，中共平顺县委在李顺达家中开了庆功会，庆祝李顺达五年发家计划两年完成。太行区建委赠给李顺达“平顺人民的方向”的锦旗，太行行署赠送给他“革命时代，人民英雄”的锦旗。这年年底，太行区表彰西沟“李顺达互助组”，奖旗上七个大字：翻身农民的道路。

发家致富，对西沟农户太有感召力了，无论是谁家，都想致富，都想吃穿不愁，过得好，这是农民最大的事。我在沙底栈的两年，李顺达自己致富，更为农户致富，他做下的这些事，给我擦亮了眼睛。

申纪兰（右六）发动群众努力生产，支援前线。

1949年，
在西沟参加妇救会工作

1949年春节刚过，西沟妇救会主席郭玉芝来沙底栈找我。她说她来过好几次，但我都没在家。我说我都在地里哩。郭玉芝握着我的手说，你真是个好媳妇，山南底妇救会龙月秀几次向我推荐你哩，说你聪明能干，肯吃苦。你应该积极参加革命呀！

面对这个全县的纺织英雄，太行区一等劳动英雄的娘，我紧张得说不出话。她拉着我的手，问我愿不愿意参加西沟妇救会。

我说，很愿意，但不知能干个甚。

郭玉芝说，党中央打赢了“三大战役”，解放全国的胜利曙光能看见了，咱平顺也要跟上形势哩，“支前”不再是最紧要的事了，西沟妇救会的工作又有了新内容、新方向：团结和动员广大妇女，宣传政策，宣传大好形势，准备迎接即将到来的胜利。

郭玉芝高兴地说了一大堆，我还是不知道她让我干个甚。

我就说，我只会劳动。

郭玉芝说，会劳动好啊，纪兰，咱就是要会劳动、肯劳动的人哩！你看，你男人当兵打仗都要光荣解放全中国了，你在家里也要光荣呀，为咱妇女争光呀！

我心里早就想去了，但西沟太先进了，我怕我在里面干不好，现在听郭玉芝这么说，我便说，行，婶，你说行我就甚都不怕了。

这一年年初我就进入了西沟妇救会，也第一次见到了李顺达。

我第一次参加西沟妇救会会议就是在李顺达家。会议从下午一直开到了傍晚，别的会员离家近就回家了，西沟离沙底栈有一段路要走，郭玉芝一定要留我在她家吃饭，哄我说吃完饭晚上还有事找我说，我就留下了，这时李顺达也回来了。

按村里的辈分，我已经习惯了叫郭玉芝“婶”，李顺达一进屋，我有些紧张地喊他：“顺达哥！我是申……”

李顺达不等我把话说完，就说：“是纪兰啊，你我早知道哩，纺花模范，织布能手，还是山南底妇救会的积极分子，我娘能找到你这个帮手，嘴都合不拢，别站着，坐呀，你参加革命是光荣的事，用不着看谁的脸色！以后再吃不上饭你就在我家吃，不能饿着肚子干革命！”

李顺达的一番话让我又是惊又是喜，我没想过他说话会是这么快。

有郭玉芝和李顺达在前面引路，我在妇救会的工作干得很起劲，只要妇救会有会议有活动，每有通知，我都会早早地到，刮风下雨，急活难活我都能上。我的眼前是一条很大的路，在西沟妇救会无论干甚样的工作，我心里都是暖的。

在田间地头，申纪兰（站立者）和社员们一起学习毛主席著作。

1949年10月，中华人民共和国在北京宣告成立了。西沟妇救会组织妇女穿新衣，插红旗，扭秧歌，在平顺县聚会，欢庆新中国的成立、新社会的到来。这真是一个能高兴死人的日子，毛主席带领人民翻了身，以后再不会有没头没尾的穷苦日子了。

比起新中国成立，这一年，最震动西沟人的另一件事是，李顺达这年冬天在北京见到了毛主席，和毛主席握了手，毛主席还对他说：“你们回去要好好搞生产，让南瓜长得大大的，萝卜长得粗粗的，棒子长得高高的，你们说行不行？”

一个山里农民能走出去那么远，走到北京去，见到毛主席，这天真是人民的天呀！一想到这些，我身上就有使不完的劲儿。

1950年，
加入中国新民主主义青年团

1950年，西沟妇救会发生了一件不幸的事，主席郭玉芝突遭恶病去世了。大家都很难受，每天流泪，工作不了。李顺达和几个干部商量让我先负责妇救会的工作。郭玉芝是我的引路人，她是1942年加入的中国共产党，在平顺县支援前线的“百日纺织运动”中被评为劳动模范、纺织英雄。她是个英雄母亲，家里十位成员都是共产党员，她引我进入西沟工作，却一下就走了，我流着泪给李顺达说，我干不好郭主席的工作。李顺达眼睛通红，望着我说：“你一定行的！”我擦干泪，决定死拼也要干好，把西沟妇救会的工作干到全县全国前面。

李顺达1949年在北京见到毛主席后，西沟妇救会除了日常工作之外，还承担了各地来参观学习李顺达互助组的接待任务，工作非常繁忙。这一年整个西沟、平顺县都因为李顺达带回了毛主席对山区的嘱托，都憋着劲，要好好干一场。

妇救会经常开会开到半夜，除了正常妇救工作，不光西沟，西沟周边村子凡村民有事，婚丧嫁娶，包括接生孩子，妇救会都会安排人去。大家也都抢着去，热情很高，我自己没生过娃，也学会了接生。

一次开完会都半夜了，我往沙底栈走，不小心溜到沟里，后来被人发现，我在沟里睡着了。

几天后西沟团干部找我谈话，问我："纪兰，你工作干得这么好，想不想向党组织靠拢啊？"

我激动地说："想啊，共产党为人民打下天下，让穷苦人翻身做了主人，可咱咋靠呀？"

团干部说："你加入青年团吧，青年团可是咱党的助手，能发挥你的作用哩。"

我说："发挥我甚作用？我就会劳动。"

团干部笑了，说："纪兰，劳动就是为人民服务，为党服务，青年团员要做群众的表率，要处处起模范带头作用，要努力工作，全心全意为人民服务。"

我说："这可好，我要入青年团，我要做党的助手。"

就这样，我加入了中国新民主主义青年团，接受团的培养和教育，参加团的工作，成了一个有组织的人。

这年加入青年团不久，李顺达再次去北京参加新中国成立后第一次全国工农兵劳动模范代表会议，再次见到了毛主席，回到西沟时，手里还捧着毛主席亲笔写的大奖状：生产战线上的模范。

西沟又欢腾了，男女老少都到村口去迎接李顺达。

李顺达回来后，西沟立即开党员会，传达毛主席的指示精神。

我作为一名团员，被团组织叫去听会。

会上，李顺达介绍了北京大会的盛况。

他说自己被选为大会主席团成员，与毛主席等党和国家领导人一起坐在了主席台上。

他说自己亲耳听毛主席说要把穷山沟变成社会主义新农村。

大家听得很兴奋，开始讨论。

有人说，毛主席说要把穷山沟变成社会主义新农村。这“穷山沟”咱听懂了，西沟就是个穷山沟。可“社会主义”是个甚呢？

大家都看着李顺达。

李顺达想了想说：“楼上楼下，电灯电话，点灯不用油，耕地不用牛，那就是社会主义。”

“耕地不用牛，用甚？”牛永清问。

李顺达回答道：“拖拉机。”

“拖拉机有多大？”牛永清又问。

“一丈多长吧，我在天津参观时见过。”李顺达说。

牛永清听后摇头说：“不算不算，那么大个东西，咱这地能放下？还是这路能走下？”这一下把李顺达给问住了。

大家都讨论说，牛永清说的是实情，不要说还没有拖拉机，就算有了，西沟的路也走不下，地里也转不开。西沟的春种秋收，牲口都不能驮，还得靠人的两个肩膀担。

这个会没开出结果，但散会后大家嘴里都说着楼上楼下，电灯电话，还有拖拉机。

我跟在大家后面往外走，心里也充满了好奇。

1951年（上），
我倒成了接生员

过去，西沟妇女生孩子都采用蹲式或坐式分娩，而且大多是自生自接。孩子生下来，精疲力竭的产妇还要自己拿家用的剪刀把孩子的脐带剪断。就算是请了接生婆的，也是用同样的方法，谈不上任何的卫生消毒措施。产妇感染者十有八九，大出血、得产后风者一半还多。按老讲究，妇女生产后，还必须至少喝十天的稀粥，说是要把“冲”上头的血“涮”干净。因此，妇女一般在生过一个孩子后，就病痛缠身了。而新生儿得破伤风者更是普遍，至少三分之一都因无法得到及时救治而夭折了。

这是一个很严重的情况，我向上级组织反映了这个事，县里很快就办了一个新法接生培训班，我就去学习了。

培训班举办了一个星期，学习了一些简单实用的接生常识，还看了一次医院为一名产妇接生的过程，学到了新生儿脐带的消毒包扎、产时卫生和产后营养。临走时，医院还给每个人发了一个小接生箱，里面剪刀、镊子、纱布、药棉、酒精瓶、红汞，甚都有，好多东西见都没见过的。

有了这个接生箱，十里八村的产妇都要我去接生，有时为接生一个孩子一晚上要走十几里山路，有时一天还得跑两个地方。要赶上出工，我就背着接生箱去，后来实在忙不过来，我就让妇救会的妇女，上各村登记产妇情况，这样排出日子，有计划地去接生，倒省了不少忙乱。

也有人说三道四，因为我自己没生养过孩子，我婆婆怕我叫“血”给冲了，劝我别去。我就说，妇救会就是救助妇女，我是共青团员，这是党安排的工作，妇女生孩子太难，有很多不对路的方法，我必须得去。

我每次去接生，都要叫一些妇女在旁边看，让她们学习。孩子生出来后，我按医院医生的做法提着孩子的脚，在屁股上拍上两巴掌，让他哭出了声，然后用小接生箱里的剪刀把孩子的脐带小心地剪断，再拿镊子夹着药棉分别蘸了酒精和红汞给消毒，拿纱布包扎好。包裹好孩子后，我请帮忙的妇女，也有老接生婆，一起对产妇进行了清洗。一切都收拾停当了，我按新法对产妇月子里的卫生、

申纪兰接生的孩子们。

营养要求，向产妇家人进行了仔细的交代：不能沾凉水，不能受风，不能吃生冷食物，一天至少吃三顿饭，一稀两稠。

妇女生孩子在农村是天大的事，弄不好就落下一辈子的病，还有活不了的。我干上这工作，大家都欢迎，这也算妇救会和我这个共青团员发挥的作用。

1951年（下），
担任西沟初级农业合作社副社长

1951年春，李顺达推荐我当上了西沟妇救会主席，我把妇救会的工作重点放在了发动妇女劳动上。旧社会妇女不能出门，不能开会，不能劳动，现在是社会主义了，妇女要想解放自己，就得在劳动上有地位，才能让人瞧得起。但发动妇女劳动太难了，需要一家一家去做工作，男人们也不支持。我心里再急，可是工作还是开展得很慢。

平顺有句老话："好男走到县，好女走到院。"在这地方生活几辈子的人，任你咋说，他都不答应，观念转不过，我只能一个人一个人去说，但得到的全是冷水话。

男人们说："下地受苦是汉们的事，媳妇就是做做饭缝个衣，生个孩子喂个猪。"

妇女也说：“嫁汉嫁汉穿衣吃饭，妇女能种地，汉们干个甚？”

有的男人说得更难听：“女人在炕头是个人，去了地里叫个甚？”

妇救会的工作展不开，我第一次感到工作这么难做。

这年年尾，西沟办起了农业生产合作社，自称为“穷棒子”合作社，第一次把西沟和沙底栈两个自然村联合起来，社员共二十六户，全是贫下中农。李顺达当上了社长，还有两个副社长，一个是沟里的马玉兴，另一个是沟外的方聚生。他们三人还想在沙底栈找一个副社长，以方便工作，最后找到了我。

1951年底，以李顺达互助组为依托的西沟初级农业生产合作社成立，他们自称为“穷棒子”合作社。全村五十一户，入社的二十六户，占到51%。李顺达被选为社长，申纪兰被选为副社长之一。

农业生产合作社社员出工。

李顺达自己来找我谈话，动员我去当新成立的农业生产合作社副社长，我不知道为甚突然是我，妇救会的工作我都没干好，合作社副社长，那更是男人的活，我在里面根本工作不动。我低下头不应李顺达的话，李顺达有些着急，他说："你在妇救会干的甚事，我都知道，我们农业生产合作社就需要你这样的女干部，发动妇女参加到合作社的工作中来。现在是新社会了，你做得对，难处在哪儿都少不了，动员妇女是长期的工作，你不要被困难吓倒了。"

我说："我妇救会的工作做到后面了。"

李顺达说："组织选也是选积极的哩，要落后还选你哩？你是一名共青团员，又是西沟妇救会主席，还是军属，能吃苦，爱劳动，人积极，再没有比你更合适的了。”

我最后答应了李顺达当合作社副社长。我倒不是害怕活多活重，我是怕自己做不来，李顺达是全国最有名的劳模，他带领的合作社也应该是最先进的，我在里面当一群汉们的头，做不好就搅动了，心里不踏实。

1952年（上），
发动妇女参加生产劳动

在西沟农业生产合作社，李顺达让我分管动员妇女参加生产劳动的工作。

这年春耕备耕，社里短少劳力，只有二十二个全劳力，一个男人顶一个全劳力，要想完成全年增产计划，把工作赶在别的合作社前面，二十二个男劳力根本不够。李顺达这时又要赶着参加“中国农民代表团”出访苏联，他给社员开会，要大家把社里的二十六户妇女动员起来下地劳动，这个任务就落在了我头上。

临走时，他专门把我叫去说：“我知道这是个很困难的事情，可有困难也不要怕，不要向困难低头，要想办法克服它！相信你一定能把这个任务完成好！我已让你嫂子（他的妻子）第一个出来响应你……”

李顺达走后，我给全社妇女开了一个动员大会，可到会的还不到一半人，连妇救会老早的那些积极分子都没有到齐。一听说是要她们下地去干活，积极分子们都没了先前那股子积极性，连几个过去事事都走在前的党员也没敢痛快干脆地答应。要么说身体不好，要么就说“当家的”不让。

申纪兰（左二）在村上走家串户动员妇女下田劳动，发展合作生产。

我只好放大家回家，再挨门挨户地上门去做工作。从村头到村尾，出东家进西家，可不是男人给冷脸，就是女人直摇头。

最后我终于动员了三个，加上顺达嫂和我，一共五个人。

我们五个人就下地去了。

这天干的是刨地角，就是把埂边犁头没下到的地方用镢头刨松，没有比这再简单的农活了。这是我跟社里的干部们商量后特意安排的，我想让女人们有信心：劳动也没啥难的，一学就会了。

申纪兰带领妇女们下地刨地角。

可是干了一天，还是让好事的男人们笑话了。

他们说："这哪儿是干活呀，分明是山鸡刨吃草籽哩！"

费好大劲动员来的三个妇女脸上挂不住，都丢下了镢头，跑回家去了。

我站在地头，看着妇女们在地里干下的活，我想我是着急了，我忘掉了一个顶重要的问题，妇女们就算有干劲，不会干也顶不了个劳力。她们缺干农活的技术。

晚上我找支部委员宋金山反映妇女缺技术的事，李顺达走前，让我遇到困难就找宋金山解决。

宋金山说："这是个问题，我向县里反映一下。你还是先把妇女动员起来。"

第二天，宋金山就急着来找我，他说："县上有个技术培训班，你和桂兰去学习，回来后再教其他人，中不中？”

我说：“中。”

宋金山说：“就几天时间，你们快去快回，我以党支部名义开个扩大会，给那些挡着妇女不让出门的男人先做做工作，等你们回来再去动员妇女，这事咱不能强求，只能是人家自愿。”

几天后我从县里培训回来，地里该要锄麦苗了。

我和宋金山商量，沙底栈的三十五亩麦苗由妇女来锄行不行？

宋金山说：“咋不行？只要下力气学，妇女们也能锄好。”

当天晚上，我把妇女们召集到一起开会，二十四个妇女来了二十三个，宋金山给男人们开的会起了作用。我给妇女们讲了靠劳动解放自己的好处，还有这次去县里学习学到的精神，但到最后一说到锄小麦，愿意试一试的人只有七个。其他人在我让她们表态时，反过来想难住我。

有一个妇女说：“你把下地说得这么好，可你咋不去动员李二妞呀？你要能让李二妞下了地，咱就都下地！”

其他妇女跟着说：“对呀，对呀。”

李二妞就是那个唯一没到会的妇女，论辈，我叫她婶，有五十多岁，嫁到西沟有四十年了。整天大门不出，二门不迈，一年半载的你想见她个面都不容易。她能这个样子，都是被他男人秦克林管出来的，经常一句话说不到男人心上，就是被一顿臭骂，还经常挨打。

我知道这是妇女们给我出的难题，我不是没动过李二妞的主意，可这一家是真正的难缠。

我被逼到死角，但我还是在会上答应了大家。

晚上回到家我就想第二天怎去说服这一家人，想着想着我一下想明白了，这可是一个机会呀，如果把李二妞都能动员了，其他妇女也就跟上了。我早怎没想到呢？

第二天我来到秦克林家，屋里听不见个声气。我站在院子里喊：

“有人吗？”

屋里答：“没人。”

这声音就是李二妞。她明明就是个人，跟她搭话呢，她还说没人。她意思是说秦克林不在屋里。

那时候咱农村的妇女差不多都这样，只要男人没在屋，你喊，她就这么答。这不就说明了咱妇女当时的家庭地位吗？自己都不把自己当人了，还指望男人把咱当人？家庭地位都没了，还能有啥社会地位？

我走进屋里，李二妞就坐在炕上，我坐在炕沿上给她说，春忙秋忙绣女下炕，眼下妇女们都要去锄小麦，参加生产，解放自己。

二妞说：“你进步，你去锄地。我活了半辈子，死了就是一辈子，爱解放不解放吧。”

我说：“参加了劳动，多挣些劳动日，就能多分些红利，也能缝件新衣裳穿，不用一直穿破衣烂裤的。”

二妞叹口气说：“哎，衣裳破就破吧，年轻人才穿新的，我老了，还穿新的干甚？”

我见没效果，就大着胆子说：“过去，他爹瞧不起你，你穿得也破里破表，怨不着谁。如今是能劳动就能享受，多劳动多分粮。你只要去劳动，他爹保险就对你好了。你想吧，全村的妇女都下地了，就你一个人在家？我瞧，还是下地吧，大家说说笑笑多好哩。”

二妞停住嘴，有点动心了，男人和自己“好”是重要的。虽然她嘴上还是说“人家劳动就享受，我不能劳动就受苦”，但起身送我走时，表情已经有些松动了。

当天，我又在沟里找到秦克林，把说服二妞的事给他说了。

秦克林反应很大：“那是个活死人，还能下了地？”

我说：“那可说不准，你要不支持，你也别拦着。是不是那块料，你得让她试一试。”

第二天，吃完早饭，我把那天开会表态要去的七个人招呼起来正要下地，李二妞拖着锄头从家里走了出来。我赶紧迎了过去，打招呼说：“咋，想通了？”

李二妞一脸不高兴：“嗯。他爹说我来着，你要吃饭，就去锄麦子；要不吃，就拉倒。纪兰你说说，这说的是个人话？我还能不吃饭？”

八个人到地里，我和桂兰一个一个手把手教她们锄地的方法。锄地时，我让二妞紧挨着我，开始她有些慢，锄到天快黑，别人锄两垄，她也能锄两垄。

当天晚上，我让村广播员在喇叭里表扬了李二妞。

二妞听了广播高兴地跑到我家说："劳动就是好，明早我保证第一个到。"

第二天一早，那些出我难题的妇女们全部都来了，全村二十四个妇女劳力全部下地锄小麦，锄麦可不比刨地角，是个技术活，弄不好会伤了麦苗。我让宋金山找了几个年纪大的男社员给妇女们当师傅。妇女们大都心灵手巧，很快便掌握了，赶中午就全都由一垄锄成了两垄；到了下午，甚至已有人开始尝试着锄三垄、四垄了。

三十五亩麦地，我们三天就锄完了。

1952年（中），
争取同工同酬

妇女终于下地了，三天锄完了三十五亩麦地，本来是个大胜利，可没想到还是出了大问题。合作社给妇女记工分，每个妇女每天记五分，才顶半个男劳力，十分是一个劳动日。满满锄了三天小麦的妇女们不干了，说还不如在家纳鞋底，纳一对鞋底也能赚三升米哩！这参加劳动，本来出了力了，也不落个好。

这是我没想到的情况，妇女的积极性一下子没了，我怎做工作，一点都不顶事。除了张雪花、吕桂兰等几个妇女表态还要下地外，其他妇女全走人了。

我晚上躺在床上睡不着觉，怎也想不通，问题出在哪里呢？我把妇女发的牢骚捋了捋，分成这几种：一是男人轻视妇女，说妇女干不了个甚；二是妇女不积极，说家里事多出不了门；三是劳动半天，显不出来，不划算。

这些话中，“妇女干不了个甚”顶多是个理由，“劳动显不出来，不划算”才是要害。妇女在劳动中要“显出来”，就必须能“干了个甚”。只要妇女在生产中能和男人干同样的活儿，男人就不敢小看。妇女要“显出来”，就不能把工分记到男人的名下，谁干的就记谁；谁干得和男人一样多，就应该和男人记同样的工分。

我想到这儿，一看天快亮了，就穿上衣服往合作社跑，我要找合作社委员会反映这个问题。

上午合作社委员会各委员都到了。我把晚上想到的给大家说了，提出，妇女和男人干同样的活，就要记同样的工分。

男社员立刻反对我：“（妇女）劳动得怎样还不知道，倒要记一样的工分？那不行。”

我就和他们理论，把妇女积了很久的问题都说了出来，我说：“为甚你们男人踩耙，女人拉牲口，男人站在耙上，牲口拉上走一天，并不怎累，女人跟着牲口走一天，可就累得很。可是记工的时候，男人踩耙是十分工，女人拉牲口是五分工。匀粪，男人担，女人往箩头里装，记工时，男人是十分，女人是五分，要是男人往箩头里装粪时，就给记十分工。这就是不公平，这很影响妇女的积极性。有的妇女还反映：‘受上一天累记五分工，还不如在家纳鞋底啦！’我觉得不提高妇女的工分，就要影响妇女的积极性。以前你们可以说妇女技术不高，干不了男人干的活，现在妇女的技术提高了，总按五分工算不合理了，应该给妇女加分。”

我说完后大多数社务委员不同意，他们说：“我们劳动了几十年，也不过赚十分工，妇女刚刚参加劳动，就能和男人一样？”

我有些着急了：“你们为甚不能从提高妇女劳动积极性出发，还和妇女论资排辈来了。”

打谷场上，申纪兰（右二）正为群众计酬分粮。

党支部委员宋金山给我说："纪兰，不要着急，只要做出成绩，干出和男人一样的活，就能争取一样的工分。"

我说："好！我倒要给你们看看，妇女能不能干出跟男人一样的活。到时你们别赖账就行。"

转过天，我找张雪花、吕桂兰几个妇女，说了党支部委员宋金山的话，决心做出个样子，挣到和男人一样的工分，然后再发动所有妇女进来。

这天，张雪花和马玉兴耙地。雪花牵牲口，马玉兴蹬耙。耙了一个上午，雪花问："我能不能蹬蹬耙？"

马玉兴磕磕鞋里的土，点上了一锅烟，不紧不慢地说："不怕摔下来？"

马玉兴不是在吓唬雪花，耙地还真得有点技术，不要只看见男的是站在耙上，其实得用对了劲，才能把地耙平，要不怎不叫站耙而叫蹬耙呢？

雪花说："咱俩换一换，你牵牵牲口，我想试试。"

马玉兴笑着说："真还要换换？行，你敢蹬耙就行。"

雪花上了耙，两只小脚踩稳当了，双手拽着缰绳，眼睛盯着前方。马玉兴忙给雪花教要领，腿要稍弯点儿，腰要顶上劲，站稳了。

雪花在一开始还是觉得找不对重心，不是前后晃悠，就是左右摇摆，有些蹬不稳。但过了一会儿，她感觉好多了，耙也走稳了，身体自如了，心情也放松了。

耙到地头，她下耙，提耙，转过横头，再放耙，上耙，虽然有些吃力，但是并不紧张。

从地里回来，雪花找到我，把情况详细给我说了一遍。

我说："走，瞧他们黑来（晚上）怎记分。"

晚上记分，我带着雪花领工票，一看又是五分。

雪花对记工员说："我蹬耙来的。"

记工员吃惊地问马玉兴："你牵牲口来？"

马玉兴吸着烟说："该怎是怎，那地耙得不赖。"

"谁牵牲口来呗？"记工员又问。这时，男社员们都看着马玉兴。

马玉兴把烟袋在鞋底上一磕，说："前晌是她牵来，后晌是我来。怎？我就不能牵牵牲口？"

一屋子的人都笑了。

我说："这工就该记成一样的。"

宋金山这时也走过来了，说："记成一样的呗。那还怎记？"

这样，雪花和马玉兴就记成了一样的工分。

我很快把这一情况告诉妇女们："做出成绩好说话，以后咱们还要多多拿事实来说话。"

接下来的几天里，大部分妇女又下了地，都想着能和男人挣同样的工分。

合作社见妇女们又回到地头了，社务委员会就决定把耙地的活，都交给妇女做。男人去修整土地、改良土壤。

我领着妇女们赶着六七头牲口，一天就耙了七十亩。但是男社员并没有从思想上解决问题。

撒肥，妇女往箩头里装，男人担到地里撒开；男人十分工，女人七分工。男人说，这需要技术，要不撒不匀。

这天晚上，小姑子张腊秀来找我，她说："嫂，咱们和汉们分开动弹吧，要不，总是他们十分（工），咱只能是个七八分（工）。"

我说："分开干，咱也得干出和汉们一样的活儿，才能记十分工。"

腊秀说："那咱和他们比一比。"

我说："对，只有比比，才能瞧清了。"

第二天，我向社里提议，男女要分开撒肥，比一比，如果干得好，就记一样的工，要立下规矩。

宋金山、王周则和团支部书记李财发都同意，男社员们也没甚意见，都说，比就比，看你们能干成个甚？

我晚上就动员所有妇女，要她们拿出劲来和汉们比，妇女们热情很高，当下分成小组，要和汉们争个高下。

转过天，我领着妇女们去了一块地，那些汉们去了另一块地。宋金山看了看两块地说，地块大小差不多，人数也一样，比就比一比吧。

到了地头妇女们就干开了，我拿着锨走到地里做了一个撒肥的示范动作，肥料呈一个扇面，均匀撒在地上。雪花、腊秀跟着给各小组的妇女做了示范。

我说："大家心别急，快活慢干着，咱先把地划成行，一行一行撒，能保证又匀又实。做不好返工就误事了。"

申纪兰（前一）参加劳动。

妇女们担的担，撒的撒，不到晌午，就干完了这块地。

晌午了，男人们还没干完。宋金山告诉他们，妇女们已经干完下工了。他们不相信，可事实摆在眼前，一看我们活干得也挑不出毛病，男人们只好认输。

这次，所有的妇女都被评了十分。但男女同工同酬的规矩还没立下来，男人们说他们大意了，还要再比。

我对妇女们干活有了信心，就说："好！如果你们再输，这个规矩就必须立了。"

谷苗长高了，要间苗，这回是男人们要比赛。

间谷苗比赛，男人们很当回事，到了地头烟也不吸，蹲在地上就干。

间谷苗，是男人们的弱项。他们蹲在地上，一会儿就腰酸腿麻，想快也快不了。妇女们是跪在地上间苗，头不抬脸不仰，一个劲儿往前走，很快就干到了前面。

男人们腰酸腿疼一天评了八分工，妇女们评到十分工，有几位还评到十一分。

就是这样，社里才算把男女同工同酬的原则肯定下来，不管做甚活，妇女只要和男人做一样的活，做得一样多、一样好，就和男人记一样的工。

女社员的生产积极性提高了，二十六户女社员差不多都上地了。劳动十分积极，有些妇女为了多做劳动日，不顾提前回来做饭，就和男人一齐回来，男烧火女做面，饭也误不了，劳动日也做下了。到春耕总结评比时，全社评了十六个劳动模范，妇女占了六个。

我就鼓励大家说："妇女要好好努力，提高技术，争取下一季选更多的模范。"

申纪兰（右二）发动妇女参加劳动。

1952年（下），第一次走出西沟

耙地、撒肥、间苗，三次比赛后，妇女们终于争取到了和男人们记一样工分的待遇。

一样的劳动，一样的工分（报酬），这就是“同工同酬”。

男人们看到自家女人能干，心里也高兴，就是面子上过不去，在一次开会中，他们又提出妇女也要去担圊肥、抬石头，干一些重体力劳动的活儿，再来比一比。

这话刚说出来就被宋金山和另两位副社长给拦了。

他们说，理不辩不明，妇女们要求同工同酬，是在妇女力所能及的条件下实现的，不是一定要和男人干一样强度的劳动。同工同酬是尊重妇女，解放妇女劳动力，而不是不顾妇女身体条件、生理极限，去同样劳动。

申纪兰带领妇女参加劳动。

宋金山最后强调说：“咱比赛为个甚？是说妇女有能力，也能干男人干的活，咱不能小看妇女，要尊重妇女。比赛不是怄气。比了比地里的活儿，你们倒沉不住气了，要比比纺花缝衣裳，你们都还要上吊哩！”

自此，男女同工同酬，算是在西沟扎了根。

1952年10月，李顺达从苏联回到了西沟。他对西沟发生的变化很满意，他对我说：“纪兰，男女同工同酬这个做法好啊！你发动妇女一定吃了不少苦吧？”听他这么说，我眼泪都快下来了，这半年为了动员妇女，甚活我都干，粪坑我都跳下去过，可是能换来今天的成果，得到李顺达的夸奖，我心里满满的。

李顺达紧接着在召开的党支部和社务委员会会议上，提出了他的建议：

“要想早日实现社会主义，缺了妇女这份力量，肯定不行。可妇女有妇女的特点，哪能让她们事事都跟男人赛着力气干？财旺还得人旺，把妇女身体累坏了，就不划算了！”

会议最后，经李顺达提议，大家集思广益，对社里的生产项目按男女的特长和体力强弱，进行了较为合理的分工，原则是男人做重活，女人做轻活。还有更具人情味的特殊规定，是专为育龄妇女而制定的：社里集体给她们每人买两条月经带，月经期间可以请假四至五天；怀了孕的可得到特别照顾；生孩子享受半年的产假，产假结束后每天都给一至两小时的喂奶时间，一直到孩子断奶……

女人们从没得到过这样的体谅和尊重，从而更加激发了她们的劳动热情和积极性。能下地的，无一例外地都下了地，而且只要身体许可，没有谁愿意在家哪怕闲待一天，甚至经常有人带病出工……

女人们的表现感动了许多男人，他们集体创作了几句情意融融的顺口溜来夸赞女人们：

西沟妇女真是行，
赛过宋朝穆桂英，
事事不离场场到，
每次战斗打得好！

1952年12月初，长治地委召开农村互助合作会议，重点介绍各地合作社成立以来的经验，解决合作社存在的问题。

李顺达去开会前，找到我说："纪兰，你在西沟干的这个事，有机会我一定要向地委赵军书记汇报一下的。"

我说："这是个甚事呀？还汇报。"

李顺达去开会了，我继续领着妇女在地里干活。

第二天下午，县委在西沟蹲点的同志跑到地里来找我说："地委通知你去开会。"

我问："开甚会？"

那位同志说："听说是地委书记赵军同志见开会全是'白毛巾'的，要一个'剪头发'的去，县委书记李琳推荐你去。"

我问："去长治？怎个去哩？"

那位同志说："雇个骡子送送你吧。"

在一旁跟着来找我的副社长马玉兴说："不花那瞎钱了，我用驴送送吧。驴是我家的，不用花钱。"

第二天一大早，马玉兴给驴备上鞍子，让我骑上，走到下午到了长治。

这是我第一次走出西沟，走到长治这么远的地方，满眼都是新奇。

县委书记李琳见我到了会场，赶紧把我叫过去说："叫你来，主要是想让你在大会上讲一讲。"

我说："李书记啊，我以为是来听会的，我能在会上讲个甚呀？"

李琳书记说："怎干，就怎说。说说怎发动妇女参加生产劳动，说说怎争取男女同工同酬的。这行不？”

我说：“要是讲这些个，能行。这都是咱干的，说不差。”

李琳书记说：“那我给赵书记说一声，你准备准备，明天会上说。”

晚上吃饭时，我见到了李顺达、郭玉恩、武侯梨他们。

李顺达见我紧张，就宽慰我：“没个甚。干成个甚，说成个甚。”

第二天下午，我就要上台发言了。

李琳书记问我：“准备好了吧？”

我说：“李书记，我是怕对上熟人说不好。”

申纪兰和全国劳模武侯梨（左）、郭玉恩（中）在一起。

1952年12月初，长治地区召开农村互助合作会议，地委特邀申纪兰作为妇女代表出席了会议，并在会上介绍了她怎样动员妇女出工，怎样争取同工同酬的经过。

李琳书记说："不要怕，只当是台下没人。"

我说："其他人没个甚，主要是书记你呀，你要听，我就……紧张。"

李琳书记笑了："我不听还不行？你好好说，那我走。"

我走上了台，大家哗哗哗地鼓了一阵子掌，就一点声气也没有了。坐着的近一半都是各县和地区的领导，过去咱哪儿见过这么正经的场合？我一下子又紧张得要命，头上都开始冒汗了！这时，我看见李书记真的出了门。他一出去，我的心真就感觉宽展了一些。冷了好一会儿场，再不讲不行了，我也就豁出来了，反正在座的都是生人，讲成啥算啥！就讲开了，讲着讲着，自己也就忘了紧张了……

我说："过去男女不平等，我过门三年了，婆婆才给了我八尺布做了件衣裳。平日吃饭也不一样，男人吃好的吃干的，妇女吃赖的吃稀的。婆婆就常说，咱全家是指靠你（公）爹过哩，好的让他多吃，咱就吃赖点。西沟成立了合作社，我被选成了副社长，要发动妇女参加劳动，那可是费了劲儿了。工作中不会没困难，特别是妇女参加生产劳动，有很多的困难。有了困难，我就去找党支部、社委会，总能克服困难。”

我从开春锄苗说起，说到发动李二妞参加劳动，说到雪花蹬耙争取同工同酬，说到和男人开展劳动竞赛，争取到了和男人记一样的工分。因为都是干下的实事，我站在台上嘴上不停地说了一个多小时。

我说：“一年下来，全社二十四个妇女，做了八百七十四个劳动日，占合作社总劳动日的35%。妇女的生产技术也有了很大的提高，有四个妇女成了下地上场的全把势，十二个学会了犁地，其余的都学会了使用大锄。现在男社员也关心妇女了，社里的女干部也多了。男社员也说，妇女参加劳动要注意身体，不能累坏了。财旺，还得人旺。妇女累坏了，谁给咱生孩子？社里还每月给妇女发两条月经带，并规定妇女来了月经，可以五天不下地。

“妇女参加了劳动，在家里的地位就变了。李二妞参加劳动，秦克林对她好了，给二妞做了件新衣裳。张雪花以前在家常受气，自从劳动后，他男人见人就说，过去雪花是个吃闲饭的，现在成了家里的宝贝了。我婆婆也常说，从前是指望老汉活哩，现在离了纪兰可不行。今年婆婆给我做了两身新衣服，还新缝了一条花褥子。

“劳动就是光荣，妇女只有参加劳动，才会在家庭和社会中有地位，才能让人瞧得起，自己也才能显出来。我男人在抗美援朝流血流汗，我在家领导妇女搞好生产，做好家务，这是应该的。只有妇女解放和全体出力，大家都解放了，我自己就真解放了！”

说到最后，大家都很静地看着我，我最后说：“我也不会说个甚，怎干来就怎说。说不好，叫大家笑话了。没个甚了，说完了。”

我刚说完，会场上的汉们全部鼓起掌来。

会后，地委书记赵军同志握着我的手，高兴地说：“纪兰同志，你个二十出头的女娃子，干了一件大事呀！”

我说：“赵书记，我没干甚事，是妇女都有这样的要求……”

赵军书记说：“恐怕是全国妇女都有这样的要求。”

他又对李琳书记说：“你们平顺又竖起了一杆旗！”

接下来几天的会议，大家在会上都开始讨论男女同工同酬。

1953年（上），
参加全国妇女大会，我见到了毛主席

1953年1月25日，人民日报记者蓝邨写了一篇文章《“劳动就是解放，斗争才有地位”——李顺达农林畜牧生产合作社妇女争取同工同酬的经过》，专门把我在西沟带领妇女们同男人们争取同工同酬的事写下来，发表在了《人民日报》上。各地都给我来信，也有很多人来到西沟学习，问我这问我那，我觉着自己就干了一件很平常的事，没想会引起这么大的动静。后来，听说这个“男女同工同酬”还被写进了新中国的《劳动法》。

两个月后，李顺达高兴地找到我，手里拿着一张“中华全国民主妇女联合会”第二次全国妇女代表大会的通知，通知我去北京参加会议。

他说：“纪兰同志，你也要去北京了，这可是咱西沟妇女的光荣呀！”

「勞動就是解放，鬥爭才有地位」
——李順達農林畜牧生產合作社婦女爭取同工同酬的經過

1953年1月25日，《人民日报》发表文章《劳动就是解放，斗争才有地位》。

我说：“甚？去北京？”

北京是我向往的地方，那里住着毛主席，我做梦也想不到自己还能去北京。

要走呀，李顺达专门为我安排了一头骡子，我骑到长治，又从长治坐了个木炭车到太谷，再倒一辆大车到了更大的城里太原。到太原天黑了，在旅馆住下的当晚，我第一次见到了电灯，是服务员替我打开的，我不知道该怎关，也不敢去摆弄，就任它亮了一整夜。

第二天，坐火车去北京，这也是我第一次见到火车。火车上山西的代表中有二十个妇女，有郭兰英，还有刘胡兰的母亲胡文秀，我是唯一的农民。大家坐到一起，我的夹袄、夹裤、系着的绑腿，惹得她们不停地看，代表团的领导叫黎颖，她觉得我穿这身衣服上北京有些不合适，就拿了自己的一身最宽最大的外套让我换上。可还是显小，不大合身，但总比原来好看多了。

去北京的火车上，我合不了眼，精神满满的，去的人都很兴奋，“就要到北京了！”“就要到毛主席住的地方了！”

到了北京，路真宽，一会儿跑过去一辆车，一会儿又跑过去一辆车，有的顶着大气包，有的拖着大辫子，还有像火车一样在轨道上跑的，一路叮当咣啷地响个不停。一走进大广场，我一眼就看到李顺达说的人民英雄纪念碑。

会议在中南海怀仁堂举行，有二十五个民族，一千多人参加。会议第一项是先通过四十七人的主席团成员，那主席团成员名单中有我的名字，还有宋庆龄、何香凝、蔡畅、邓颖超、李德全、许广平等，大家给我们热烈鼓掌，我是被人拉上主席台的。

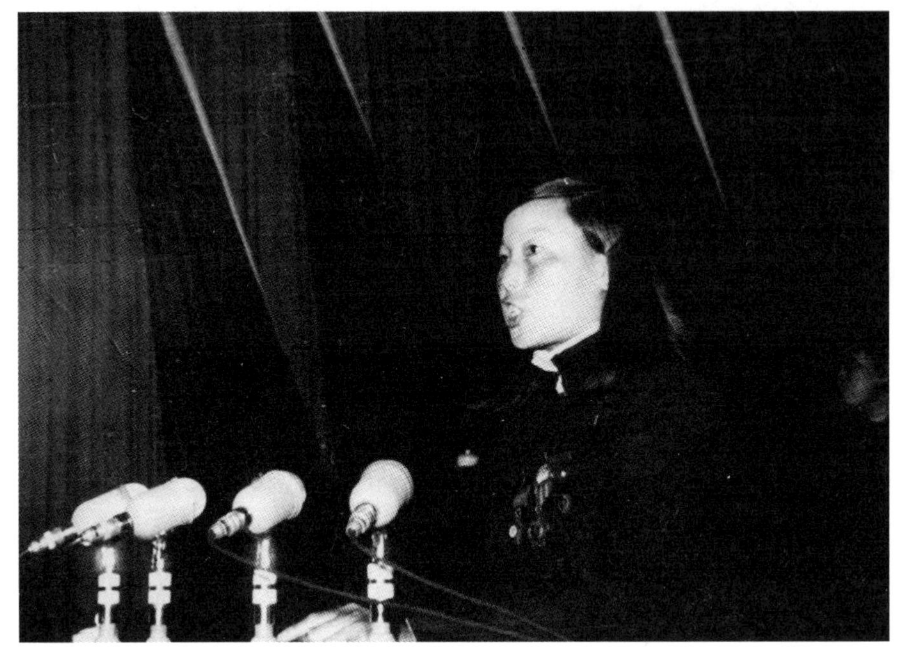

1953年，中国第二次全国妇女代表大会在北京召开。宋庆龄、何香凝、蔡畅、邓颖超、李德全、许广平、申纪兰等被大会选为主席团成员。申纪兰在主席台就座。大会由许广平致开幕词，饶漱石代表中共中央、董必武代表政务院、郭沫若代表全国政协分别向大会致贺词，在随后进行的大会发言中，申纪兰第二个出场发言。

大会让我第二个发言，稿子是山西代表团帮我拟的，讲的都是我在西沟干的事，我背得很熟，一上台大家就开始鼓掌。

这次会议还选了全国妇联第二届执行委员会委员，我被选为执行委员，接着又选了出席两个月后在丹麦首都哥本哈根召开的世界妇女大会的中国妇女代表团成员，共三十个人，我又被选在了里面。

大会开了九天，闭幕那天，主持人说："中央首长要来看望大家了！"

会场一下子喧闹了起来，大家都在议论会不会是毛主席？

工作人员组织大家排好队，迎接中央首长，我被安排到了最前排，我的旁边是新当选的全国妇联副主席章蕴。

一会儿，门打开了，毛主席走了进来，他和画像上一样的，脸上笑着，挥着右臂，全场掌声雷响，我激动得眼泪直淌，我旁边的妇女们都在流泪。

1953年，申纪兰（右一）参加中国第二次全国妇女代表大会，同妇女代表在一起。

章蕴小声提醒我："纪兰，你想不想和毛主席握手呀！"

章蕴用胳膊肘儿一碰我，我不知哪来的勇气，向前跨了一步，毛主席刚好走到我跟前，他停下来看着我。

毛主席说："这位女同志是谁呀？"

章蕴忙站出来说："这就是李顺达合作社的副社长申纪兰同志。"

毛主席伸出手说："好，很好！"

我握着毛主席的手，眼睛哭得甚也看不见，光觉得毛主席那手呀，肉肉的，绵绵的，热热的……

毛主席走出会场，我还没回过神来，就听见有人突然大喊："毛主席万岁！"

大家便跟着一起喊："毛主席万岁！"

会见结束后，很多人围上来和我握手，说我的手是和毛主席握过的手。

我从生到大，从没有过这么大的幸福。

1953年（中），

去丹麦参加世界妇女大会

5月19日，我们三十个代表从北京坐火车出发，一路上处处受到热烈的欢迎。到满洲里改乘苏联的火车。车上的工作人员对我们招待得太好了，送饭呀送水呀，光怕我们饿着渴着了。那时候我有些晕车，不想吃饭，苏联朋友以为我嫌他们的饭不好吃，都来问长问短。我要多吃一点饭，他们就非常高兴。沿路每一个车站，都有成百上千的苏联妇女和小孩子给我们献花，向我们招手，一见面就高呼“毛泽东万岁”。到了莫斯科，苏联全国妇联的姐妹们都亲自到车站上迎接，并让我们住在莫斯科最好的旅馆里。

从莫斯科又坐火车到德国，德国的妇女，把我们当做亲姐妹一样招待，送给我们“马克思纪念章”等礼物，请我们在柏林参观。临离开时，她们又派人亲自把我们护送到海边。上船前，给我们准备了最

1953年，申纪兰作为中国妇女代表团唯一的农村劳动妇女代表随团出访丹麦，参加第三届世界妇女大会。

好的饭吃，又在海边组织了舞会，连做饭的大师傅也出来和我们一起跳。

6月4日，我们到达了开会的地点，丹麦的哥本哈根。

大会开了六天，听说有八十五多个国家的代表参加了这次会议，共有八百多位代表及来宾一千多人。各国的代表都在大会上讲话，介绍本国政府怎样发展生产，怎样帮助人民提高生活水平，各国妇女平等自由地幸福生活。说到美国，美国的妇女和男人一样工作，赚的工钱只能顶男人的十分之六到十分之七。意大利、澳大利亚等国家，结了婚的妇女就找不到工作。在瑞士和西班牙等国，妇女们根本就没有选举权和被选举权。南非联邦的黑人妇女连走路都得走在男人后边。

与这个完全不同的是，苏联代表团里有好几个集体农庄女庄员。她们是社会主义生产竞赛中的劳动模范，胸前都挂着明晃晃的金星奖章。她们说："苏联男女真正平等，妇女和男人一样，可以管理国家大事，苏联最高苏维埃有二百八十个女代表，地方苏维埃的女代表占三分之一。妇女跟男人一样，可以参加各种劳动，参加各种学习，参加各种工作，管理工厂，管理集体农庄，开火车，驾飞机，什么事都有妇女参加。男女同工同酬，谁做得好做得多，谁得的也多。"因此，苏联妇女的生活过得挺好。罗马尼亚的妇女代表说："罗马尼亚是朝着苏联的道路走的，罗马尼亚的妇女，和男人一样参加各种劳动，一样待遇。政府对妇女特别照顾，妇女产前产后休假，工资照发，还给发生育补助费。"一位匈牙利的英雄母亲在大会上讲话，她说："我们的国家和苏联一样，对妇女照顾得很好，孩子多的，就是英雄母亲，还要特别照顾。我有十二个孩子，我就当了英雄母亲。我丈夫在工厂做工，每月工资也很多，政府还发给我们子女津贴费，政府还另外给了我们一所房子。现在孩子们有的上中学，有的上小学，有的到了幼稚园，一家吃的住的穿的都很好。"

参加大会的妇女代表里面，有黄种人、白种人，还有黑种人。有工人、农民，有教员、医生，还有大文化人。虽然大家过去大部分都没有见过面，说话也听不懂，可是大家的心情是一样的。参加这次大会，谁都是为了争取全世界的妇女和男人享受平等的待遇，为了争取一个和平的世界，保卫全世界的孩子和家庭。朝鲜、越南、马来西亚三个为保卫国家独立而奋斗的妇女代表团，没有得到丹麦政府的入境签证，不能参加大会。所有的妇女代表都很气愤，一起向丹麦政府提出了坚决的抗议。会议期间，在哥本哈根皇家剧院组织了一次文艺晚会。丹麦的妇女们为了让大家和朝鲜、越南、马来西亚三国的代表见面，就把这三个国家的国旗竖在晚会的台子上。当时，全场欢呼一片，人们的手快要拍肿了还在使劲拍。大会最后一天晚上，主席台上又广播了朝鲜等三国妇女代表的讲话录音。这时候，人们像看到她们一样，像看到这三个国家的人民一样，一个一个忍不住流下了眼泪。法国代表举着越南的国旗，英国代表举着朝鲜和马来西亚的国旗，都走到主席台上。尤其是播放越南代表讲话的时候，全体法国代表都一起站了起来，直到讲完才坐下。

有位日本画家献给大会一只小小的和平鸽，这是日本一个老太太让她捎来的。希腊和土耳其代表献出来的礼物，都是爱国妇女在黑暗统治的监狱里一针一针做成的手工。咱们中国代表赠送大家的礼物更多，到会的妇女每人都分到一条上海织造的真丝头巾，上边还绣着全世界妇女大团结的图案。

在世界妇女大会上，咱们中国妇女代表团特别受人尊敬。中国代表团团长李德全大姐和副团长章蕴大姐在大会上做完报告的时候，全场人们都一齐站起来热烈地鼓掌，并用中国话高呼“和平”和“和平万岁”。印度等国的代表团，在发言时都表示要认真地向咱们学习，走中国妇女的道路。不论哪个国家的代表，都是带着尊敬的眼光看待咱们。英国有一个代表，她的孩子在朝鲜参战叫咱志愿军俘虏了，她说："感谢中国人民志愿军救了他的命。"6月9日晚上，有一个代表四十六个丹麦士兵的青年士兵，主动到大会上讲话，他说："我们丹麦士兵永远不和苏联、中国的军队作战！我们要和你们站在一起；我们要求赶快结束朝鲜战争！"大会献给他一大把鲜花，他马上又把鲜花献给了李德全大姐。

一些资本主义国家里的代表，因为受反动分子的欺骗宣传，对咱们中国很不了解，她们以为中国很穷，妇女们还都缠小脚。看到咱们代表团团员们都穿得漂漂亮亮、大大方方、个个身强力壮的时候，她们的看法很快便转变了。我们告别丹麦回国的时候，好多丹麦人送了很远，最后还送给咱代表团一面旗，他们说："丹麦人民和中国人民永远友好。"

开完世界妇女大会，我们回国时又路过苏联，代表团还在莫斯科参观了三四天。我参观了革命博物馆、工业博物馆、莫斯科大学和地下铁道。以前咱常说苏联是社会主义国家，苏联人民很幸福，说苏联的今天就是我们的明天。这次我到了苏联，只是路过了两次，没有多住，光在莫斯科参观了一下，没有到农庄参观，可是我也亲眼看了很多东西。我在苏联的火车上看见的女干部很多，车站上女干部也不少，修铁路的也有妇女，凡是我到过的地方，都有很多妇女在工作。

我就想：苏联老大姐甚也能干，咱可得好好学习哩。我参观过莫斯科大学，里面住的都是劳动人民的子弟，这真是劳动人民的劳动果实，劳动人民自己享受。一路上我看见树林是一片一片的，羊是一群一群的，庄稼地是一眼照不到边的，男男女女一群一伙地劳动，有很多在地里使用的机器，咱见也没见过。

这年7月，我们代表团坐火车回到了北京。出国一个半月，我长了见识，受到的教育也很大。我是一个普通的农村妇女，因为劳

第三届世界妇女代表大会期间，中国代表团部分成员的一张合影。她们有的穿着旗袍，有的穿着西服套裙，有的是在旗袍上套着西服。申纪兰（右一）身穿长袖旗袍，脚穿平跟皮鞋，坤包背在右肩上，右手托着包底，左手勾着包带。

动，我成了劳动模范，而且当选为出国代表，和全世界的妇女共同办理全世界的大事，我觉得太光荣了。我能得到这样大的光荣，发动妇女参加了农业生产，做出成绩，争到同工同酬，都和西沟党支部和党支部书记李顺达、支部委员宋金山的帮助有关。要没有西沟党支部的领导，没有党支部书记李顺达、支部委员宋金山的帮助，没有村里妇女的努力和男人们的理解，我也不会做出这些成绩。

我甚时也不敢忘了劳动，忘了党的领导，忘了为人民服务。

1953年（下），
我入党了

这年7月，我随代表团回到北京，回到北京我就想快点回西沟，心一天都落不下。三个多月，一百多天，这是我第一次出这么远的门，也是第一次离开家这么久。

从北京坐火车到太原，省里派车送我回到了平顺，平顺县城往西沟没有公路，不通车，县里的领导陪我走路回村。

我走到村口，李顺达带着全村人敲着锣打着鼓地迎接我。我嫁到西沟后，村民这样迎接过从苏联参观学习回来的李顺达，当时我也去了，现在轮着我了，我心里一热，眼泪就下来了。我走在村民中间，身上被一千只眼睛盯着，我连路都不会走了，比我做新娘子时坐着花轿来西沟还要受罪。

在社委会的办公窑洞里，李顺达为我开了一个简短的欢迎会，

请我讲一下这次进京出国的感受，我不知道说甚，但我这一切都是西沟给的，党给的，合作社的社员给的，我就站起来给大家说：

“没有党支部的培养和社委会的支持，没有社里男社员的帮助和女社员的努力，就没有我的今天，我的光荣就是大家的光荣。我去北京参加妇女大会，我出国到苏联，到丹麦参加世界妇女大会，我学到了很多东西，我都想把它用在劳动中，让我现在讲我也讲不出甚来，我做给大家看吧……”

我讲完把从德国带回来的糖果拿出来，一人一块分发给大家尝了尝，又把在德国、苏联买的玩具和在北京时发的四十万元（旧币）误工补助金都拿了出来，上缴给了社里。

李顺达总结了我的发言，他说：“纪兰这次去北京和出国，为我们西沟为我们国家争了光，一路上也够辛苦的，先回家好好休息两天，我们再讨论下一步计划的事儿。”

我说：“顺达哥，我不累，我现在浑身是劲儿，我下午就下地去。”

李顺达说：“别急，还有更重要的事等着你哩。”

这个更重要的事就是加入中国共产党。

这是最让我激动难忘的事了，我申纪兰也加入了光荣的中国共产党，成了一名共产党员，我非常激动。我的入党介绍人第一个是党支部书记李顺达，另一个就是组织委员宋金山，是他们培养我入了党。

中国共产党为解放全中国，牺牲了多少人，才把这个国家交到人民手里，让我们这些普通的农家女儿有说话的权利，有做主的机会。我就是共产党解放了的，是共产党培养起来的，我永远忘不了共产党。我早就想参加共产党，当一个共产党员，这可达到我的目的了。共产党员是光荣的，共产党员的责任也是重大的，我一定要跟着党支部，跟着李顺达，努力工作，努力学习，把西沟建设好，把生命交给党，就是听党话，永不叛党，一定做一个合格的共产党员，全心全意为人民服务。

想想那些为新中国倒下的共产党员，咱就是在家搞个建设，再苦再累有个甚？甚困难，我都不怕，都难不倒咱。旧社会，我可是酸甜苦辣都走过来了，现在跟着共产党干新社会，让自己吃好饭，建好自己的家乡，上山栽树，下沟修地，全部能干下来，我有这个决心。

入党后，我向党支部提议免去自己“军属代耕”的权利，我在外出近四个月的情况下，做了八十八个劳动日，比去年提高了一倍。我的小姑子张腊秀和我一起也做了七十个劳动日，我们全家共做劳动日二百二十八个，分到粮食四千五百九十斤，比1952年多收粮三百九十斤。

还有，在我的发动下，西沟张秋全等三户军属也要求免去代耕，全社四十八个妇女有四十人经常参加劳动，造林四百九十亩，耢耙地一百多亩，间苗一百八十亩，锄苗一百五十二亩，割蒿两万多斤。

这年西沟合作社收编了周边大小三十多个自然村，成立大合作社，李顺达任社长，党支部让我任副社长。接着，西沟乡成立，我又出任了乡妇联主席，继续做妇女工作。合作社大了，人多了，管的地方也多了，工作难度就大了。从前，有些事情，端上饭，一边吃一边就做了。社扩大了，就不能“看旧历头”了，要改变领导方法。党支部指导我要培养骨干，发挥基层力量。党培养咱，咱也得拉一把人来做工作，单靠自己蹦跳，路也跑了，事情也误了。

1954年（上），
光说不干，就没人听你的

1954年春季，政府号召群众养猪，很多人不愿意，妇女说："圈猪没圈，喂猪没糠；麻烦累赘，肮里肮脏。"男人说："买猪没钱，垒猪圈还没个地方。"大家积极性都不高。

党支部让男干部动员男人，我去动员妇女。

西沟乡成立后，有个民校每月三、六、九日开政治课。李顺达就叫我去上课，我从没给人上过课，不知道讲甚。李顺达让我就把养猪的好处给大家讲讲，动员大家养猪。

我准备了一下，就去上课了，我刚开头说："政府号召咱养猪，支援国家建设。"底下妇女们就说："多打粮食，也是支援国家建设，还得养猪？"我就把道理给大家往下讲，我说："国家需要甚，咱就要做甚。要多打粮食，也要多养猪，各有各的用项。人要吃粮食，也要吃猪肉。猪鬃猪肉能出口换机器，一吨猪肉，能换五吨钢，咱国家要发展工业，用的钢很多。咱多养猪多卖肉就能多换钢，这是咱妇女们支援社会主义工业化的实际行动。咱要到社会主义社会，不发展工业就走不到，大家看看，我们穿的洋布、细布、雨鞋、球鞋，用的手电灯、喷雾器……哪一样不是工厂制造的？”

我说到这，底下的妇女没声音了，男人徐元则倒说：“咱今年连壁虱、跳蚤、虱子都消灭了，黑夜睡下真舒服，不是用上人家老大哥制造的‘666’药粉和喷雾器，‘天生’也办不到。”他说的话倒启发了大家，我又请一连养了三年猪、得利很大的宋姣梅，当场给大家介绍她的养猪经验。李顺达另外还请农业科学工作队的小丁同志给大家介绍了养猪技术。这样，大家的心才算安定了下来，都愿意养猪了。

这一年，西沟共养了一百多口猪，完成了政府交给的任务。

夏收的时候，我发现打过的麦秸里还有麦，我要社员重碾一遍，大家就说：“再打得净，也不能一颗也没有，那能打多少？”我坚持：“有一颗算一颗，不添斤也添两。”大家就又来重碾，结果又碾下七八斤麦，大家就惊喜，说以后都要这么干。这是小事，但在领导工作中就不是小事，很多事做细了，比做大了更有效果。

还有共产党员必须带头，起模范作用，才能更好地领导群众，群众才能听你的。这年7月发大水，要引洪水淤地，当洪水下来时，大家正在吃晌午饭，我跑到河里，水口没修好，洪水进不来，不能淤地，要把河水堵住才能让它流到池子里。当时没东西可堵，我就跳到水里堵缺口，男社员跑来也跳进水里来堵，洪水哗哗地流到池子里了。

事后，男社员说："纪兰呀，跟你干，真是要拼命哩！你瞧我们这一身泥。"

我说："我是个女的都不怕，你们怕个甚？"

他们就笑了。我知道他们心里是服的，你要光说不干，他们肯定不听你的，就算是一个村里看着长大的，也不会因你是领导，有甚区别的。

申纪兰与筑路工人一起劳动。

1954年（下），我当选全国人大代表

1954年9月，北京要开中国第一届全国人民代表大会，我和李顺达被选为全国人大代表，要去北京开会。我说我就梦也没有梦到，有李顺达就代表了，还选我做甚。1952年乡和县我都被选上了，省里没选上，我觉着西沟有一个李顺达代表就好好的了，没想到全国选时又把我选上了，我是接到通知才知道的。

我问顺达哥："我是咋被选上的？"

李顺达说："全国劳动人民选上的呀！你代表中国妇女做了那么大的事，光荣啊，群众当然要选你哩。毛主席也是在北京西单选区被选上的，你不想去北京参加大会见毛主席？"

当上全国人大代表了，我跟李顺达骑毛驴走出长治。我们两个去到省里头，走了四天才到了北京。到了省里了，穿的衣服不太好，省

委书记说，工人也好，干部也好，就是农民的衣服不太好，让外国人看见我们的农民身份太低，一下子给我们缝了一身。当时是九月，就是农历八月，一早一晚山里已经凉了，光穿单衣顶不住，所以缝了身夹衣，谁知道北京比平顺差俩节令，穿上夹衣又热得不行。

出席第一届全国人民代表大会的山西代表团共有二十六人，平顺县就是李顺达、郭玉恩和我。代表团中除了我还有三个妇女，胡文秀和郭兰英在去年参加妇女大会时就认识了，还有一个叫李辉，临汾地区的一位女领导干部，穿的衣服很好看。

1954年，出席第一届全国人大一次会议的山西四位女代表，从右到左依次是申纪兰、李辉、郭兰英、胡文秀。

这次大会有两项很重要的任务：第一个是制定中华人民共和国第一部宪法；第二个是选举中华人民共和国主席。

到北京后，山西代表团住在东四一家小旅馆里。9月15日下午3点，大会在中南海怀仁堂开幕。

毛主席宣布大会开幕，他一走出来全体代表都站起来鼓掌，他说：

“准备在几个五年计划之内，将我们现在这样一个经济上文化上落后的国家，建设成为一个工业化的具有高度现代文化程度的伟大的国家。”

毛主席最后越说声音越大，用了一连串的“我们”：

“我们的事业是正义的。正义的事业是任何敌人也攻不破的。

“领导我们事业的核心力量是中国共产党。

“指导我们思想的理论基础是马克思列宁主义。

“我们有充分的信心，克服一切艰难困苦，将我国建设成为一个伟大的社会主义共和国。

“我们正在前进。

“我们正在做我们的前人从来没有做过的极其光荣伟大的事业。

“我们的目的一定要达到。

“我们的目的一定能够达到。

“全中国六万万人团结起来，为我们的共同事业而努力奋斗！

“我们的伟大的祖国万岁！”

毛主席讲完话，全体代表起立长时间鼓掌，很多人激动得流泪，我也哭了。

大会期间，有记者问我当人大代表的感受，我说我做梦也没梦到过自己能当人大代表，这是党和人民给的光荣。记者又问我这次当人大代表的使命，我说，讨论《宪法》，把人民的大救星毛主席选为国家主席。这是我从西沟来到北京最急切想做的事。

在接下来的几天，全体代表全票通过了《中华人民共和国宪法》。

毛主席等国家领导人在大会期间接见了代表中的全国劳动模范。我和李顺达、郭玉恩都被安排接见。当时我们站成一排，毛主席一个一个挨着握手。毛主席微笑着给我们说："你们都是共和国的英雄啊！"我这次没哭，抬头看清楚了毛主席满脸的微笑，我想向毛主席问声好，但一张嘴，还是激动得没能说出话来。

1954年9月，申纪兰在第一届全国人大一次会议上投票。

1954年，申纪兰出席了第一届全国人民代表大会，并和部分代表合影。

选举新的国家领导人时，我在选票上给毛主席画了一个圆圆的圈儿，排队走到投票箱前，双手把选票投了进去。

9月27日，毛主席当选为中华人民共和国主席，朱德当选为副主席，刘少奇当选为第一届全国人大常委会委员长。最后，根据毛主席的提名，周恩来当选为国务院总理。

大会结束后，没有让我们代表马上离开北京，让我们参加了10月1日的国庆观礼，很热闹，大家欢天喜地的，新中国真是好啊！

我当时的高兴劲儿，实在没法说。新中国太好了，共产党太伟大了，我一个农家女儿走到北京，当上人大代表。离开西沟时村民们说："纪兰你可当上全国代表了，说甚也要把毛主席投到国家主席上去。”我投了自己心里最想投的一票，我完成了自己的任务。经过这次会议，我受教育不少，“共产党领导人民建立新中国只是走了一步”，“建设一个强国还需要全党全民的努力”，“每个共产党员都有手握推动国家发展的力量”，“要珍惜历史给我们的巨大机遇”……我记下了很多话要回去说给乡亲们。

1954年10月1日，申纪兰（左三）和李顺达（左一）在国庆五周年庆祝盛会观礼台上观礼。

1955年，

西沟成立高级生产合作社

西沟初级社最开始是二十六户，到1952年底扩大为四十七户，1953年秋后扩大到二百零三户，1954年秋后又扩大到二百四十六户，1955年秋后达到二百八十三户。

西沟附近的南赛、池底都归于西沟，入社农户占总户数的97%。合作社在扩大，粮食也在增产。1953年粮食总产三十八万多斤，比上年增长13.6%，亩产增加三十五斤；1954年粮食总产比上年增加二十万斤；1955年人均分配粮食八百八十四斤。西沟尝到了办大社的甜头，特别是在打坝造地、植树造林、改变山区面貌方面的甜头。更重要的是，西沟初级社四年来连年增产增收，有了一定的基础；其次是公共积累大大增加。在这种情况下，社员们情绪都很高，大家认为社大规模大，地界山界麻烦少，便于生产，也便于治山治水，西沟应该办“高级社”。

1955年，西沟成立高级社。

当时的高级生产合作社，人们就叫“高级社”。在这之前的农业生产合作社被叫做“初级社”。“初级社”是以土地入社、按土地和劳动力分红的农业生产合作社，“高级社”是把土地、生产资料全部归为集体，按劳分配的农业生产合作社。

党支部当时开会，认为不办“高级社”有很多矛盾无法解决。

一是社员反映，劳动投入增大，还坚持按“地”按劳分红的比例，会影响人的劳动积极性。有人埋怨，“动弹不动弹，上地砍一半，死土地剥削活劳力”。

二是生产资料私有，阻碍生产发展。有的人心疼自家的牲口，不让它出大力拉双铧犁。

三是由于地界山界的局限，不能放开手脚治山治水，发展林牧业。河滩大坝四次被冲毁，就是受地界影响不能顺水势修筑，等等。

1955年年底，西沟敲着锣鼓，成立西沟金星高级生产合作社，李顺达担任社长，我任副社长，党支部书记是马何则。

“高级社”集合人力，在增产增收的动作中，继续扩大从1953年起就开始的治山种树修河沟的工作。李顺达抓全面工作，主抓增产增收，我和另外几个副社长主要工作是种树修沟。

我们先治理的是那些支沟，把一条沟截成数段，用石头分别筑起一米五至两米高的堤坝，这就是西沟人说的“谷坊”，在坝内垫上土石。洪水小时可以蓄水，洪水大时可以减缓流速，而且经过几次洪水的淤积，坝内就可以种庄稼了，一举多得。有的沟里本来就有地，也按同样的标准对田埂进行加高加固。

治沟不像种树，是不用赶季节的。只要农田里的活计有了空闲，劳力就拉进了沟里去“砸谷坊”。石头都是就地取材，西沟最不缺的就是石头。女人们运，男人们砌，一个劳力平均一天至少也能“砸”出一米。

冬季是干这种活的最佳时节。路远了，中午索性就家也不回了，自己带上干粮，集体给每人发一两个生山药蛋，生起羊粪火

1955年，中共平顺县委书记李琳和新华社记者马明一起写了一篇反映西沟金星农林牧生产合作社的文章，题目叫《勤俭办社，建设山区》。这篇文章收入到新中国成立以来毛泽东主持编辑的唯一的一部书——《中国农村的社会主义高潮》，并亲自写下按语。

烧熟了吃。“高级社”刚成立，大家干劲儿大，闲下来还一起说个笑，不仅不误工，还干得又快又好。

这年平顺县委书记李琳写西沟的《勤俭办社，建设山区》文章，作为给毛主席编书的补充材料被毛主席看到了，毛主席提笔写下按语，夸西沟勤俭办社走对了方向：

这里说的是李顺达领导的金星农林牧生产合作社。这个合作社办了三年，变成了一个包括二百八十三户的大社。这个社所在的地方是那样一个太行山上的穷地方，由于大家的努力，三年工夫，已经开始改变了面貌。劳动力的利用率，比抗日以前的个体劳动时期提高了百分之一百一十点六，比建社以前的互助组时期也提高了百分之七十四。合作社的公共积累已经由第一年的一百二十元，增加到了一万一千多元。一九五五年，社员每人平均收入粮食八百八十四斤，比抗日以前增加了百分之七十七，比建社以前增加了百分之二十五点一。这个社已经做了一个五年计划，实行三年的结果，生产总值已经达到五年计划的百分之一百零点六。这个合作社的经验告诉我们，如果自然条件较差的地方能够大量增产，为什么自然条件较好的地方不能够更加大量地增产呢？

这是西沟的莫大光荣，对于毛主席写下的这些话，西沟每个人都能一字不落地背下来。

1956年，
这一年最累了

1956年夏，西沟一季把“旱、涝、风、雹”都遇齐了。

先是旱。一个多月不见一滴雨，庄稼打蔫，旱井见底，旱得人心焦。我带领妇女，起五更到二十里地外去拉水浇玉茭苗。三人一组，每天拉两趟，硬是把几十亩快旱死的苗都救活了。

接着是涝。雨一下就二十多天没停，还不时地电闪雷鸣，暴雨倾盆。洪水暴发，沟满岸平，沟里的地荡然无存，路全冲断了，许多人家的房子也泡塌了。李顺达到省里开会去了，抢险救灾的领导任务就落在了我身上。我就带领了全村的男劳力去保沟岸上的地，用门板、席子堵决口；山上的羊让洪水卷下来了，我又与男人们手挽手冲进齐腰深的湍急洪水里去抢救羊只；组织塌房的人家转移，调剂、安排吃住的地方；给县里打电话汇报灾情，还被闪电给打着了，幸好只是倒在地上，不碍甚事。

洪水刚退了，人还没喘口气，又刮了一场罕见的大风，把地里幸存的庄稼全刮倒了。我们把全村男女老少凡能下地的都动员了去，把倒了的庄稼一株一株往起扶，一星期时间，硬是把二百五十亩的倒伏庄稼都一株一株地扶了起来。

过了刚两天，老天又下了一场冰雹，把好不容易扶起的庄稼几乎又全砸趴在了地上，叶子也砸没了，一个个都成了“光杆司令”……

眼看着一切都完了，李顺达回来了。我一见李顺达就哭了出来：

“顺达哥，今年没指望了……”

李顺达安慰我：“我也是急忙回来的，丢了夏，我们还有秋，天灾战胜不了人。”

接下来，社里就组织社员抢播抢种了小秋作物。要想让作物长得快，产量高，就得多投工、多施肥。肥料缺，我就带领妇女上山拾羊粪。拾一布袋记一个工。比蚕豆还小的羊粪蛋儿，要拾一袋还真是不容易。从早到晚地拾，中午不回家，只啃半个糠窝窝；有的妇女有事回趟娘家，也拎着粪篮子。半个月时间竟拾回了二百多担。

1956年，西沟植树造林达到了二百亩，修河滩地一百八十亩，发展果园二百亩。粮食在大灾之年喜得丰收，平均亩产第一次超过四百斤，95%的社员增加了收入。

这一年，山西省委第一书记陶鲁笳来到西沟视察，表扬了我们的干劲儿和做法。

丰收的喜悦。

1957年，
向七条干沟进军

1956年遇到的灾难和获得的收成，让社员更加鼓起了决心和干劲儿，开始向西沟七条干沟进军了。党支部决定在每一条沟里都修一座拦洪大坝或水库。李顺达从省里请来了专家，专家听了他这个计划，再到实地看了看，就摇起了头：

“是个一劳永逸的想法，可真这么干，工程量太大了，凭你一个村的人，要到啥时候才能修成？”

李顺达说：“咱慢慢干，一年争取修一座！”

专家疑疑惑惑地先在一条最小的沟里架起了仪器，择定了位置，绘出了图纸，一计算，光石头就得要三千多方。

这条沟叫辉沟，说小也不小，有七十多米宽。需要建一座底宽六米、顶宽二米、高十米的拱形大坝。

种罢秋，就开始干上了。这可不比“砸谷坊”，坝面所用的石头都有规定的尺寸，得从山上采。先放炮轰，再拿凿凿。一块石头就是近百斤，男人背，女人抬。

我负责的就是采、运石料。既要指挥大家，又要带头跟男社员比着干。我当时胆子也大，一眼几十公斤的炮，吓得男人都跑了，我就敢上去点。

妇女们也都很卖命，抡大锤，背石头，干的全是男人干的活。

冬天来了，天寒地冻，工地上却热火朝天。炮声不断，凿声不断，号子声不断。百十号人没松劲儿地一直干到了腊月二十九才停工，刚过了正月初五就又接着干起来了。

整整干了四个月，赶春耕的时候，一座高大厚实的拦洪大坝如期竣工了。当年夏天就发了两场洪水，别的几条干沟里半人高的洪

在申纪兰的带领下，西沟出现了第一代女石匠。

水向下冲，就辉沟没甚动静，大坝起了大作用。

入秋后，我们又请来了那名专家，要再修一座。专家看了辉沟大坝，标准、质量都与所设计的一模一样，他对我们竖起大拇指："西沟人真了不起！"

接着他又为我们设计了一个更大的大坝。有了经验，干劲儿也更大了，再用了一个冬天，一座大坝又顺利地修成了。

这一年，华北局第一书记李雪峰同志视察西沟，在庙座的河沟地栽下了一棵苹果树。

1958年（上），
西沟成立金星人民公社

1958年8月，西沟乡成立了“西沟金星人民公社”。全公社一千二百零七户，总面积十万亩，耕地面积七千亩。10月，西沟金星人民公社又把扬威、龙镇合并为一个大社。人口达到三千六百八十户，一万四千八百六十二人，总面积二十八万二千五百亩，耕地为二万四千三百亩，牲口二千一百九十二头，羊八千四百一十一只。

每个人都热情高涨，村村敲锣打鼓庆祝公社的成立，人人拿着碗去食堂吃大锅饭。

李顺达成了西沟公社主任，我当了副主任，公社交给我的任务是，办一个有二十头猪的养猪场，还要动员社员每家养一两头。办养猪场是政府的号召，所有公社都积极响应，弄得猪仔哪儿都买不到。买猪仔的社员回来把情况告诉我，我就带着两个人，赶了两头驴跑到外县，靠着我劳模的影响，大家给我脸面，我转了三天才买够了数，用麻袋装了放驴背上驮了回来。我还给自家也捎了两头，回家交给了婆婆。

猪场一时物色不下一个合适喂猪的，我只得自己先喂几天，有时在猪场一住就是半个月。有一天，婆婆跑到猪场来找我，说家里的猪没圈，放在院子里管不住，她一个人顾不上。我就回去临时砌了个猪圈，可墙砌得太矮了，第二天晚上就让狼跳进去，叼走了一头。婆婆哭着来找我，我说我物色一个猪倌就回来。又过了半个月，猪场的猪终于长得肥肥壮壮的了，我才把猪场交给了寻下的猪倌。西沟的第一个猪场就是这样办起来的。

可是好景不长。“粮食关”最吃紧的那个春天，我又去猪场喂过一个多月的猪。这个冬天西沟破例没有去修水库，人都饿得没劲儿了。我去喂猪，既为了给那个当猪倌的妇女减轻劳动量，也为了防止让人把猪饲料中能吃的吃了。猪每天由喂四顿改成了两顿，饲料是碾碎的干草、玉茭杆再掺一点糠麸，每顿的糠麸都要拿秤来称。猪根本吃不饱，饿得都连天带夜地“嗷嗷”乱叫。我每天多挑好几担水，尽量把那猪食和得稀一点。不想这个办法却弄出了麻烦，不少猪都拉开了稀，好几头病得连食都不知道抢了，只躺在地上，肚子风箱一样地喘。这可把我急坏了，赶忙去找兽医。兽医也没给猪用药，只拿个小刀把病猪的耳朵挑一个小口子，让它流点儿血。这叫“放阴”，是个土方法，很见效。我很容易就学会了，以后再有猪病了，就自己给治。

猪治好了，我却病了，得的是浮肿病，每天本来就只能喝上一顿能照得见人影的稀饭和吃一个拳头大的糠窝窝，不干活儿都受不

政府号召大力发展养猪事业，西沟开办了一个二十头猪的猪场，申纪兰任西沟养猪场场长。

了，还要照管二十头猪的吃喝。我两条腿肿得晚上上炕都很吃力，躺下也饿得睡不着，就起来烧开水喝。如果不是正好那几天队上又每人分了几斤粮救了急，我可能就真顶不住了。

这是最熬人的一季，我没能养活所有的猪，猪场很快也办不下去了，我回社里向李顺达汇报，他安慰我："你人没事就好！"

1958年（中），
炼钢铁，修水库

“大跃进”，我就炼钢铁去了。走了半年，那是苏联跟咱关系最坏的那一年。

平顺的炼铁基地选在几十里地外的壶关，那里有铁矿石，还有煤炭。别的“人民公社”都派的是男人去参加炼铁，我这时刚当了“西沟人民公社”的副主任，也是妇联主任，我就带领妇女去。我们在山岭上建了个土高炉，命名叫“三八炉”。

第一炉没有炼出铁来，坐底了。第二炉出了铁，但杂质太多。

我们到壶关八一炼铁厂去学习，整整走了一个晚上。我们还自己制造风箱，有一个叫改菊的姑娘把自己做嫁妆用的木料贡献了出来。

当时每天劳动量大，只能吃上一顿饭，晚上轮班再能多喝一碗稀米汤。一个月后，许多妇女就受不住了，想家，想孩子，哭鼻子，干活没了热情；有的妇女甚至就开始磨起了洋工，宁可躲在厕所里闻臭气，也不愿出力干活儿。我着急地又是开会给大家鼓劲儿，又是找重点对象个别谈话，但收效却越来越小，因为设备、技术都没有，大家一个劲儿苦干，也没甚成绩，后来连我自己都有些提不起情绪了。

最后，在炼钢竞赛中，我们硬是一炉出铁两千斤，西沟妇女获得炼钢竞赛第一名，奖旗上写着“钢铁姑娘钢铁胆，钢铁卫星上了天”。

两个月后，炼铁大军的热情一个个冷了下来，高炉也一个跟着一个熄火，炼铁队伍在一个接一个地撤退。我在征得指挥部同意后，带着西沟妇女回了西沟。

回到西沟，妇女们都累坏了。

当时全县正在组织人力，万人大战干石滩，在沙底栈上游修筑一个水库大坝，拦洪蓄水，修滩造地。我又带着大家上了工地，修水库。

这时已是冬天，修水库的任务急，大家只能加班加点地干，没日没夜地干，有的妇女几天几夜不回家，累了就在工地上睡。当时一吹号叫歇歇，人是躺倒就睡。马俊召躺的时候也没有好好瞧瞧地方，结果沾了一裤腿屎，起来动弹时还一股臭味儿。我回家的时候，婆婆心疼地哭了。三天睡不上个好觉，人肯定是瘦得不像个样儿了。

水库到来年开春就修成了。坝体长一百二十米，高十米，底宽二十米，顶宽两米，所移动的土石共计两万多立方米。

1958年（下），
参加群英会，在周总理家做客

1958年年底，北京召开全国妇女建设社会主义积极分子代表会议，通知我去开会，会议期间，周总理邀请我和六位女社长一起到他家去做客，谈了三个半小时，最后在紫光阁吃饭。周总理真是个好人，他对我们很亲切，问这问那，我当时激动极了，话都说不好了。

我向周总理汇报了西沟绿化荒山的情况。

总理高兴地说："应该多植树，树多了可以保持水土，也能改良气候，你们那里也就富了。"

总理接着就问："纪兰同志，你栽了多少树？"

我说："三千多亩树。"

总理接着还问："三千多多少？"

我的汗都流下来了。

我就说：“我也没有准确数字。”

总理又问：“你们大炼钢铁了没有？”

我回答：“炼来。”

总理问：“能不能炼出铁来？”

我说：“炼来，也出铁了。”

总理又问：“是不是把锅也砸了炼铁啦？”

我一听，汗都出来了。总理怎甚都知道，还知道老百姓把锅也砸了。

我说：“也砸来。”

总理听了，再没问我甚。

吃饭的时候，总理又拿着酒杯走到我跟前，对我说：“纪兰啊，山西人爱吃醋，很是对不住，我这里今天没有醋，只有辣椒啊。”总理接着斟满酒说，“纪兰，咱们碰一杯酒。”

我不会喝酒，忙说：“总理，我不会喝酒，没喝过酒，也不喝。”

吃完饭，我们从总理家出来，大家都说我，和总理喝酒不喝，碰杯也不碰。我当时也不知自己咋了，回到屋里，咋也睡不下，总理多好的人，为国家操劳，和我一个农民碰碰杯，我光会说不会喝酒，连酒杯也没端。我真是太傻了，不会喝酒，还不该和总理碰碰杯？现在后悔死了，想碰也碰不上了。

后来，我和其他女社长谈天，大家说起炼钢铁，脸上都不好看。1958年本是个丰收年，全国很多地方都跑去大炼钢铁，顾不上秋收，把好好的庄稼烂在了地里，可惜死了。

西沟的情况还算好点，公社硬是先坚持秋收再炼钢铁，粮食损失不大。

这也是大家拼下命来抢时间的结果。

1958年，申纪兰（右一）赴京参加全国妇女建设社会主义积极分子代表会议，同全国妇联主席蔡畅（左一）在一起交谈。

1959年，
参加第二届全国人民代表大会

1959年，我荣幸地又被选上了全国人大代表，这是第二届全国人民代表大会。

和几年前一样，我和李顺达骑着毛驴去长治，然后到太原，再到北京。一路上，李顺达心情不好，我也紧张。西沟1958年亩产四百八十斤，已经拼了命，但和别的公社报出来的数字一比，我们就落后太多了。西沟甚时也没落后过呀！有人说，老李落伍了，跟不上时代了。李顺达不说话，我也抬不起头。我们就这样相跟着到了北京。

这次会议在人民大会堂召开，人民大会堂刚建成，会就在里面开了。那么大一个开会的地方，能容纳几千人。开会的这几天，我们大家的情绪都很沉重。毛主席在会上让代表们讲真话，讲实话。毛主席说：“包产能包多少，就讲能包多少，不讲经过努力实在做不到而又勉强讲做得到的假话。收获多少，就讲多少，不可以讲不合实际情况的假话……老实人，敢讲真话的人，归根到底，于人民事业有利，于自己也不吃亏。爱讲假话的人，一害人民，二害自己，总是吃亏。应当说，有许多假话是上面压出来的。上面‘一吹二压三许愿’，使下面很难办。因此，干劲一定要有，假话一定不可讲。”

毛主席的讲话让大家的情绪又高了起来，大家又开始讨论生产增收问题。

这次大会刘少奇同志当选为国家主席。

从北京开完会，我们很快就回到西沟抓生产建设。

这年11月，国务院副总理薄一波还给李顺达和我写了一封信。

他在信里表扬我们：

由于你们的成绩鼓舞了我的心，我已将你们的信转党中央各同志传阅。把穷地方变成富地方，把灾年变成丰年，西沟人民公社确实开始做到了，而且还在继续前进中。

1961年，
毛主席的秘书田家英来到西沟

1961年10月的一天上午，李顺达要我去他家，等一位重要的客人。

太阳已经上了一竿高，两辆吉普车沿着干河滩，颠簸着来到了沙底栈。一辆车上下来的人，是平顺县的领导：李琳、方中谷和杨树培。另一辆车上下来的人，一个也不认识。

李琳书记领着这些人先去了老西沟三岔口，返回来就进了李顺达的家。

我这才知道来人是毛主席的秘书田家英，他是毛主席派来考察农村基本核算单位情况的。

1960年，全国粮食产量比1957年减少26%以上。毛主席说，原来估计1960年会好一些，但没估计对。田家英说，毛主席听取了多方汇报后，认为生产权在小队，分配权却在大队，群众的生产积极性会受影响。这个问题不解决，农、林、牧、副、渔的大发展仍然受束缚，所以让田家英带领调查组来调查。

田家英听了李顺达对西沟情况的汇报，向当时在场的县委领导提出两个问题：

一是合作化怎样巩固和发展？

二是平顺县是个穷地方，是怎样渡过困难时期的？

县委书记处书记杨树培对怎样巩固和发展回答了三条：一是坚持民主办社，坚持社员入社自愿，不愿入社的不要硬拉拽，只有自愿，才能一心一意；二是要千方百计增产；三是要公正，男女实行同工同酬。

接着对如何渡过困难时期，杨树培也讲了三条：一是加强领导，用一冬一春的时间把全县的党员轮训一遍，教育党员要看到光明，坚持胜利；二是解决群众困难，保证不饿死人，不得浮肿病；三是发挥劳模的作用。

田家英反复问怎样才能做到不饿死人，不得浮肿病。

杨树培说："县委决定要保证给病人每天吃到一两豆子，老人吃到半两豆子；以小队为单位集体杀羊，让社员喝羊汤。"

田家英问："全县杀了多少只羊？"

杨树培答："原计划杀两万只，实际杀了七千多只。有人也不愿意杀，舍不得。我们说，有人就不愁有羊，先保人再说羊。"

田家英高兴地笑了，说："这个办法很好。"

接着，田家英对发挥劳动模范作用的思路也很感兴趣。他说："全国不少地方的劳模都垮了，平顺怎么不但没有垮，而且作用还很大？"

杨树培汇报了平顺县委的做法——特殊生活会，也叫"5+4"生活会。

特殊生活会是参加生活会的只有九人：五位县委书记处的书记，加上全国四大劳模，李顺达、郭玉恩、武侯犁和我。这就是"5+4"生活会。生活会上劳模可以给县委提意见，但主要是五大书记给四大劳模提意见，克服我们身上的缺点。

田家英听了很高兴，都用笔记下了，他说平顺县委培养劳模的做法很有新意，很值得推广。当天他就离开西沟了。

这个"5+4"生活会，我们一直坚持开，大家提意见都是直接说，从不拐弯抹角，有甚话就放出来，有时候也吵，但问题倒是最后都解决了，有时还团结一些省劳委和普通社员听会解决问题，确实解决了不少问题，也紧密了大家的关系。

我当这个全国劳模，是县委的培养和支持，但做一个劳模在群众中间不容易，县委经常帮我看到缺点，指导我的工作，这是对我的培养和帮助，这是一个好事情。

不受批评，不受教育，我又不是自来红。

党培养劳模，关心劳模，我才走到现在。

我就说西沟不是自来红，没有共产党，就没有西沟。

没有党的培养，我也当不了劳模。

1963年，
西沟学大寨

1963年初，省里开“农业生产先进单位代表大会”，李顺达在会上听了大寨党委书记陈永贵的经验介绍，回来就对我说：“大寨不得了呀，粮食亩产能到七百多斤，咱西沟粮食亩产在四百五十斤上都七八年了，也没甚突破。大寨的经验对西沟太重要了，咱可得好好向老陈学习。毛主席都批示了，我们要学大寨好好艰苦奋斗。”

后来，西沟开大会，李顺达介绍了大寨经验，西沟决心学大寨，先集中力量做三件事情。一是修垫河滩地的面积要扩大；二是修整五百亩山岭低产梯田；三是大力发展养猪，做到户均一头猪。

四百五十斤和七百多斤相比有着不小的差距，西沟学大寨的目的只有一个，那就是增产。

扩大河滩地面积是为了增产。

修整五百亩低产山岭梯田也是为了增产。

办猪场，户均再养一头猪，也不是为了搞副业，主要是要解决地里的肥料问题。庄稼一枝花，全靠肥当家。

前几年我在西沟就办过猪场，也让社员在家里养过猪，那时人都吃不饱，猪也就养不了了。现在要办猪场，又要户均一头猪，也是个难事。

这个事我负责，办猪场，当猪场场长。

那几天，龙镇在开一个物资交流会，我就去买牲口了，买了六头牛，几十头猪，牛是给集体的，猪分给社员后，其他的就放进猪场了。

那时各户都要先忙自己家的猪，社里的猪只好我自己来干了。

这次我不仅要想法子让猪吃饱喝好，更要紧的是定时出圈垫圈。垫圈，就是用干土把圈垫好。这样，能及时给猪一个干净的生长环境，又能积攒肥料。

出圈垫圈是个重体力劳动，一般人不愿干。出圈时，人站在猪圈里，一锨一锨把猪粪从半人多高的猪圈墙上撂出圈，一个男劳力出一个圈都是劈头冒汗、腰酸腿痛，再加上猪圈里那股臭味儿，真是又脏又臭、又苦又累。

我把出圈垫圈的活儿包在了自己身上。我不怕脏不怕臭，一锨一锨向圈外出着猪粪，每次干完，人都不像人了。

社员说：“纪兰，你最高上过天安门，最低下坑掏茅粪。这劳模可真不好当哩！”

我就说：“这劳模就不是当下的，它是做下的。”

我当猪场场长，过年都不回家。我孩子江平去叫我：“娘，过年你也不回家，奶奶叫你回家呢。”

我叫其他人都回去过年了，就我守在猪场，不能走。我就叫孩子回去跟奶奶过年。对孩子那样，想起来，这心里还真不是个味儿呢。我就想，这人哪能两全其美呀！这当一个人可不容易呀，要不付出一个代价，甚也干不成呀！

当时还有一个叫许国胜的，是个插队知青，福建人，是个大学生。先前当过民兵排的政治指导员，写写材料、讲讲课。那时候开会学习多。他要说甚就得说普通话，一说福建话咱就听不懂。后来，组织就派他来沙底栈猪场帮我养猪，别看他身体细细的，能吃苦，是个好料哩。

这年6月，李顺达带着平顺的劳模去大寨学习，陈永贵把自己的家腾出来让客人们住，亲自介绍情况，领着到地里参观，上虎头山，下狼窝掌。

李顺达回来找我说，他感受最深的是大寨人锄地不用锄头而是用镢头刨。陈永贵说这叫三深：“深翻”、“深种”、“深刨”。深刨可以控制庄稼狂长，更主要是能蓄住天上水，对旱地农业大有好处。

当时西沟有些干部不信，李顺达就让我再带上生产队长以上的干部去大寨参观学习。我们看了大寨的海绵田，看了大寨的庄稼长势，信了，也服了。

陈永贵对我说：“多年前我可去西沟学习过，你和老李是我的老师哩。”

我说：“你在地里闹的动静大，值得我们学习。”

临走，陈永贵拉着我的手说，我可要到西沟去看你们哩，我们相互学习。

三个月后，陈永贵来到平顺，参观了西沟、川底、羊井底。

陈永贵在西沟。

陈永贵登上了羊井底的山头，看着满山青翠、累累果实，高兴地对武侯犁说："你比孙悟空的本事大。他的花果山咱看不到，你的花果山是实在的。羊井底真是名不虚传。"

陈永贵这次来西沟，给了西沟人很大的信心。秋后，西沟就开始要像大寨那样深翻土地了。

深翻，翻多深？

大寨标准是一尺二。

过去西沟人镢地，一镢下去也就是五六寸，怎样才能达到一尺二？镢套镢，套一镢不行就套两镢。

就这，标准是达到了，但进度上不来，一个好劳力一天翻不了一分地。

进度也很重要，要是一天不翻二分地，这就意味着上冻前是完不成翻地任务的。

这时，民兵副营长郝起法创造了一天翻二分地的新纪录。

我们就在沙底栈组织民兵班搞实验。大家的干劲儿很大，"两头见星星，一天两送饭"，果然一天翻了二分地。于是，一天深翻二分地就成了定额。

为了翻到一尺二，为了完成二分地，有不少人把镢把都蹩折了。苦干一冬，终于完成了深翻任务。

1964年，
一个罕见的丰收年

正月，西沟开会，确定生产计划。计划今年要力争粮食亩产五百斤，播种树籽由原计划的一千亩扩大为三千亩，种树由十万株增加为十五万株，党参种植由一百亩扩大为一百五十亩。

李顺达说，要实现粮食亩产五百斤，就必须得有五百斤到六百斤的措施，大寨能办到的事，我们也能办到。

这年清明刚过，西沟比往年提早一个节令开始春种。

春种还是要学习大寨的“深种”。深种不是在原来地上刨窝点种，而是要先开沟，在垄沟里施肥，然后再刨窝点种。

春种开始没几天，竟碰上了一场春雨。太行山十年九旱。“清明时节雨纷纷”是说江南，上党地区没多大指望。没有想到这年的西沟也来了个“清明时节雨纷纷”，而且一下就是好几天。

西沟喜逢一场春雨，地湿得不能进人，就冒雨上山种树。

七天播种树籽三千三百亩，栽树十五万株。

雨过天晴，继续突击春种。又是“两头见星星，一天两送饭”地苦干，突击了十天，完成了“深种”。

庄稼长高了，中锄时还是学大寨“深刨”。

我们硬是按照大寨的经验侍弄自己的庄田。

秋后一算账：粮食亩产达到六百零一斤，每亩增产一百六十斤；总产达到八十六万五千斤，增加了二十三万斤；林业播种面积三千三百亩，植树十五万株；党参种植一百六十亩。

这可以说是西沟很多年来一个罕见的丰收年。

1964年年底至1965年1月初，我和李顺达出席了第三届全国人民代表大会，周总理在《政府工作报告》中对大寨进行了高度评价，座谈时对我和李顺达学大寨的真学实干提出了表扬。

由于我们学大寨学出了真成绩，第二年《山西日报》的报纸上，发表了《像李顺达申纪兰那样学大寨赶先进》的社论。

1965年，

找水

1965年春，平顺大旱。

别说增产丰收，村民吃水都成了问题，找水成了西沟第一大事。

西沟党支部决定，组织民兵找水源，解决水的问题。

几年前，李顺达找过省里的专家来西沟找水，专家考察了几天，说西沟没水，就回去了。

我建议李顺达去动员秦周则，当年专家来时，是秦周则陪着去的，他一定知道一些找水的门道。

秦周则是西沟团支部书记、民兵营教导员，李顺达跑到他家让他去找水。

秦周则说："种地我行，找水专家都找不到，我能找甚？"

李顺达急了："不会，就去学。制造原子弹的人生下来就会了？"

李顺达回来又让我去说，说秦周则是牛拉不动车。我刚到秦周则家门口，秦周则就说："甚事把你们俩都闹动了，对了，对了，我去找，找不到水还不会去找了。"

我老早在沙底栈婆家时，听一位老奶奶说，她十几岁时记得沟岸边上出过水。我就和秦周则去沙底栈问老辈的人，又到老奶奶说的那一带沟边看了，看不出甚出水的动静。

秦周则想了个笨办法，他想横切沟底挖一条两米宽、二十米长的"长井"。

我说是甚也得试试。

秦周则带着五个年轻人开始挖"长井"。大家分段往下挖。熟土下面是生土，生土下面是石头，"长井"挖了四天才挖下一米多深，没有一点泉水出来。

时间误不起，我就带着几个妇女又到南井凹一带找水去了。

第五天下午，不知谁在"长井"里挖出了一片很湿的土，大家都过来看，有指望。"长井"见水是在第六天中午，有两股筷子一样粗的泉水往上冒。到第七天头上，"长井"里的水就能拿马勺舀了。再过一天，到了第八天，泉水更大了，一小时能出六十担水，整个"长井"都满了。

"长井"的水很甜，不但解决了周围几个村庄的吃水问题，而且平顺县机关也来这里拉水。后来，县城还安上水管，把这股水引了去。

最后，西沟找到泉水的不只是秦周则这一伙人。南沟也在三米深的石头缝里找到一股泉水，一天能出三十担，南沟六户人家吃水不成问题了。李秋贵在石匣沟找到一股一天出八十担的泉水，解决了南赛的吃水问题。我领人在南井凹也找到四十几股小泉水，周边的村民不但吃水不是问题，而且能及时担水点种，完成了春种。更是打破了专家西沟无水的话。

1965年是西沟的大旱之年，但西沟的粮食亩产仍然保持在六百斤以上，找水起到了很大的作用。

这年，国务院副总理薄一波来到西沟，鼓励我们建设好山区，让山区农民过上好日子。他握着我的手说："纪兰同志，你不容易，你在农村这么苦的地方成长起来，你可是个好党员呀！"

我听了，眼里的泪，滴滴掉了下来。

1966年，

打井

1965年我们找到水，吃水是够了，但解决不了大田的抗旱问题，还是要在地里打旱井，想办法蓄住天上水。

那时的旱井有三米多深，口小肚大。

1966年5月的一天，最后一眼旱井已经成型，只需要完成最后一道“定井”的工序。定井，是用锤子把井壁和井底一锤挨一锤地锤实一遍，以防渗水。东峪沟二十岁左右的民兵排长常满仓拽住绳子下了井，开始定井。

和他一起定井的还有一位十八岁的姑娘，叫侯爱景。

进行定井时，爱景猛听满仓说了声“不对”。她扭头间，井壁滑塌了。她被气浪一下扑倒，土一下埋了她半个身子。

井上的人下来拽她，拽不动，又赶紧刨了几镢，才把她拽出来。大伙刚把爱景弄到井上，井壁两次滑塌，这就再也没有机会把土埋的满仓活着拽出来。

常满仓后来被追认为烈士。一想到这么好的小伙我就心里难受。

到这一年，我来西沟快二十年了，西沟是金木水火土，甚也没有。一切都要靠自己来造，没有地在山上开地，没有树在山坡坡上种树，没有水打水、修干沟蓄水，西沟党支部带领村民硬是改变了穷山沟的面貌，让村民种上了地，吃上了饭，搞活了生产。这一路走过来，流汗流血不说，像常满仓这样好社员还搭上了命。

为了把穷沟变富，大家都在苦干，在这样的集体，要不为村民多干活，多干事，我这个干部也就白当了，谁也对不住。

1969年，
最后一次同毛主席握手

1969年10月1日，国庆二十周年大庆的日子。我被邀请到北京观礼，住进中南海，上了天安门。

我已经有几年没来北京了，这次住进中南海，心情比以往任何一次都复杂，睡不着觉。

能登上天安门城楼，我感到特别幸福，那份荣誉是端也端不动，担也担不动的。

这次，我在天安门城楼上又见到了毛主席，又和毛主席握了手。

我激动地向毛主席问好，毛主席微笑地点了点头。

这是我第三次和毛主席握手，也是最后的一次。

我有好多话想跟毛主席说，但我说不出口。

1969年10月1日，国庆20周年大庆。申纪兰来到北京，住进中南海，上了天安门。她已经有几年没来北京了，这次住进中南海，又是一个不眠之夜。第二天早上，她洗了洗脸，梳了梳头，随着其他代表登上了天安门城楼。在天安门城楼上，她同毛主席第三次握手，也是最后一次握手。她感到非常幸福，她觉得这是最高的荣誉。后来，她说："那份荣誉是端也端不动，担也担不动的。"

1971年，
我被任命为县委副书记

1971年，我被任命为平顺县委副书记。让我去县委工作，我接受了任命，但没去县委工作，我还在西沟参加劳动。我是农村的妇女劳模，根，就扎在地里，说甚也不能离开西沟的土地。

这年6月的一天，我正在地里，忽然电闪雷鸣，雨越下越大，山洪眼看要来了，地里的麦子还没收，我边跑边喊大家："都快去抢收麦子呀！"

等我跑到麦地，山洪已经来了。

我赶紧往回搂小麦，社员们也都下水抢收，终于保住了麦子。

大家说我，你都是县委领导了，还在地里干。

我就说，我要不在地里，这麦子就泡水了。

人无论干甚，都是个习惯，劳动让我走到今天，党给我光荣，劳动就是我的习惯。我不为了谁，我只想心里踏实，对得起党给我的荣誉。

这年大寨的贾平让等四人到西沟传经送宝，搞山地小平原。山地要造出小平原来，就要把山头推掉。我们在池底河滩岸上选了一个小土山，决定在这里搞。

这个土山包，山顶只有两分地。我带人用三天一夜，在土山包下挖了一个十五米长的洞，装进了三吨炸药。我是顶班挖洞，爬进爬出，浑身上下都是土。

中午，要点炮，也是我点的炮。

只听一声巨响，土山包没了，我身上全是土。

一旁秦周则笑着说："一炮崩出了二亩地。纪兰是个妇女家，劳动很吃苦，很踏实，灰啊土啊的不讲究。"

池底崩出二亩大一个"小平原"，我也觉得有些成就感。

1973年（上），
一纸命令，我离开了西沟

1973年的一天，我正在地里劳动，县委组织部一名干部找到地里，把一个印着“中共山西省委组织部”的大信封交给我，我拆开一看，是一张通知，要我去参加山西省妇联筹备会，去任山西省妇女联合会筹备委员会主任。

我拿着任命通知，不知道咋办，这是让我去太原工作哩。李顺达这时已经在太原工作了，我找不到人讨主意，就去找支部书记张俊虎。

我说：“这么大的干部我当不了，要我离开西沟，去太原我也不想。”

张俊虎说：“你是国家劳模，党的干部，叫干甚就干甚，还能一辈子守在西沟咋的？”

我说："我就是要守在西沟。"

后来县党委叫我开了个座谈会，说省委下来调令了，你经常说听党话，为甚调令来了你不走？

我不知道怎回答，是啊，我应该听党的话，我就准备去了。

几天后有车来接我，我收拾好行李，乡亲们送我到村口，我回头望西沟，不知道自己甚时候才能回来，上了车，我就奔太原上任去了。

申纪兰出任山西省妇联主任时，在太原留影。

到太原省委组织部报完到，我就去了妇联筹备会，主任办公室已为我准备好，里面一张办公桌，一把高靠背木椅，一对单人沙发，一个文件柜，还有一部电话。我坐在里面不知道干甚。每天打开办公室门走进去，就像走错了地方，一天吃不好也睡不好，心里老担着事，其实是想西沟。

工作了之后，我才了解到，山西省妇联老早就有，只是几年前因为运动没人了，说是“筹备委员会”，就是在做恢复工作。

有位副主任“配合协助”我的工作。人家是内行，我便凡事都先征求人家的意见。“筹备”工作事情繁多，我不是领导，是跟着大家走。

等妇联正式成立后，我便成了正式主任。我把日常性的事务都分工给副主任们各把一头，我也不知道做啥，开会能说一句我不说两句，能不说我就不说。一天闲得没事做，上班第一件事我就打扫办公室卫生，先打扫了自己的，再打扫公共的。打开水的活我也干了，把所有的暖瓶都灌满。还有扫院子，扫完了，还给洒上水。打扫厕所，我也给干了。在机关食堂吃饭，别人吃完碗一推就走了，我就留下来帮着炊事员洗锅刷碗。

做这些事，我不觉得甚，别人倒有意见了，说我这个主任像个打杂的，把清洁工的事全包了一人干，连打扫卫生的都对我有意见了。

在妇联工作了两个月，西沟的张章存来太原出席六届团代会，来妇联看我。他一见我吃惊地不说话，我问他怎不说话？

他说：“纪兰，你病了？”

我说：“没有呀。”

张章存说：“你看你脸上肿了，手也肿了，你这是得甚病了？”

他一问，我眼泪就掉下来了，我说：“没甚病，是不习惯呗。咱天天是下地动弹哩，弄不了这。在这事也做不了，人也做不了。”

这时，秘书送来了我要上会作工作报告的讲话稿。章存看了看说：“这个不行。字太多了，字也太小。材料要精简，不要文绉绉的，那不像申主任说的话。字也要大，要不申主任看不见。”

秘书看了一眼张章存，再看我。

我说：“那改改吧。”

秘书点头出去了。

张章存说：“我知道你在这儿受啥罪了，你是劳模，是地里的劳模，不是办公室的劳模，你应该回到地里去，才不受症哩。”

我说：“你说我心上去了，我就是得在地里呀，这儿不是我待的地方。我也确实干不了个甚。”

几天后，张章存开完会，要回西沟，问我往家捎甚不捎。

我真想跟他一块儿回去看看，我说：“我甚也不捎。就想跟人回西沟。”

张章存说：“你可别多想了，我开会这几天，省委对你在妇联的工作评价很高，说你带了个好头，下面人办事都很勤快。你坐在这个位置上，把持一个‘正’字就甚也不用想了。”

我说：“不管是咋，我要向组织提出回西沟，我在这儿真的不顶个事。”

张章存宽心我：“这咋也是党交给你的工作，不顶事也得顶。甚事都是人干出来的。当年你二十才出个头，李顺达让你干妇救会，当副社长，你不照样干得好好的，可别多想了。”

我听了张章存的话，虽觉得在理，嘴上接受了，但心里还是应承不下来，只能硬着头皮能做事就多做，不懂的我就听他们说，然后让集体做决断。

时任山西省妇联主任的申纪兰在大会上作报告。

1973年（下），回到西沟

几个月后，在山西妇女代表大会上，我被选为省妇联主任。

省委很快给我准备了一套住房，我没有要，把原先住的宿舍腾出来，在办公室里放了一张床，就住在办公室。省委来人找我，我坚持不住，就告诉来人，谁没有住房谁要，我要回西沟哩，这儿有个办公室就够住了。

接着，人事部门的人来找我，要为我办转户口。因为我这个主任现在还是个农民呢，户口不转，我的许多国家干部的待遇就不好落实。

一听说是要给我转户口，我的第一个反应就是：户口一转，我就再也不能算是西沟人了。西沟是我受党培养的地方，我从西沟才走到北京，出了国，和毛主席握了手。现在让我离开西沟，我这个劳模还算是劳模吗？

人事部门的人左一趟右一趟来催我，我不知道怎办，就向妇联告了假，决定回西沟一趟，我也想给自己找个答案来。

我没有坐副主任为我安排的那辆单位的吉普车，我回西沟是私事，公车我不能用。我搭了长途汽车先到长治，再转车到平顺，然后步行回了西沟。

离家将近半年了，走时地还没种，可眼下庄稼都快能收割了。满山的树，满沟的庄稼；站在村口，我眼泪都落下来了。

听说我回来了，大半个村的人都跑来看我，我在西沟住了几天，主意就定下来，不是西沟离不开我，是我自己离不开西沟。

回到太原后，我就向省委提出我要回西沟的要求，请省委批准。

省委组织部找我谈话。

我有些激动地说："我的户口在西沟，我的级别是农民。我向周总理保证过，要把西沟的荒山都绿化了。离开西沟，我还怎绿化荒山？我是太阳底下晒出来的，不是办公室里坐出来的。这里已有这么多干部，我不想再添人，给国家增加负担了。你非要叫我坐不行，把我也弄病了，工作也就弄塌了。"

省委最后考虑到我的实际情况，同意了我回西沟的申请，人可以回到西沟，但职务仍然是省妇联主任，仍要主持省妇联的工作。

我就向省委提出六个要求，就是不转户口、不定级别、不拿工资、不要住房、不调工作关系、不脱离农村。我在西沟劳动，这些都不需要。省妇联的日常工作可由一位副主任主持，除非需要我做的事，我就来，没事我就在西沟劳动。

省委全部都同意了，让我回西沟继续“抓革命，促生产”。

就这样，我又回到了西沟，有事就去妇联开会，没事就在西沟参加劳动。就这我也没耽误劳动，这年我在西沟也挣了一百个劳动日，不过挣得也全花在来回西沟和太原的路费上了。

从1957年开始，西沟开始治理修整七条干沟，到1973年全部完工，这是西沟的一件大事。

回到西沟，继续劳动。

1974年，

在西沟和太原之间跑

1974年，因为省妇联刚恢复工作，会议还比较多，我就要老跑去太原开妇联会。刚开始一有开会，妇联的司机就把车开到西沟，在地头等我，我觉得太浪费了，来回跑费车，也费一个人力。就向司机提出不用来接，我自己搭车就好了。司机也很为难，说这是他的任务，他不能不完成。我只好坐上车去开会了，在会上，我就说了："有会开提前通知我就行了，不要再派车来接了，要不的话我就不来开会了。"

妇联的同志就说："申主任，你是解放妇女的楷模，有你在妇联坐着，我们心里踏实，你来妇联工作，从来不指手画脚，每件事你都问清楚了，才让大家一起帮你作决定，你可不能不来呀。"

后来他们就同意不派车了。这样一有会，我就搭车自己去，人也轻松多了。

但一年跑得多了，人也受不住。特别在农忙时间，大家都在地里干活，我却要去开会，匆匆忙忙地来回跑。我就说："小会就不要叫了，有重大会再叫我就行了。"

妇联的同志见我来回跑也受折腾，就又同意了。

那会儿跑得久了，在太原也能拾点地里的事做。

一次，王大任书记给我说："太原任村的苹果树不结苹果，你看你能不能去瞧瞧。"我一听就说咱去瞧瞧。我和王书记到任村一看，不是不能结苹果，是剪枝不好，树给长荒了。我拿起剪刀边剪边示范边讲，一个下午就把苹果枝剪得差不多了。

来年，任村的苹果树就挂果了，而且是旺收。

苹果大丰收，申纪兰喜上心头。

1975年，
听周总理作报告

1975年1月，农历刚进腊月，我和李顺达被选去北京参加第四届全国人民代表大会第一次会议。

周总理在这次大会上做了《政府工作报告》，我坐在代表们中间，看着周总理慢慢走到主席台中央，比起十几年前我在总理家做客时，总理瘦了很多，说话声音也不像以前有力气。会下我才知道，总理刚生过病，住过医院。总理往主席台走时，大家都站了起来。他讲话时，很多人都在底下掉泪。

总理在这次会上提出为实现“四个现代化”的宏伟目标奋斗。

代表们激动地站起来鼓掌。

这么大一个国家的政府工作，要靠他一人操持，代表们在会下都为总理的身体担心。

1976年，
一生的信念

年初，周总理去世的消息传到西沟，大家站在大街上不动了，你看着我，我看着你，就流泪。周总理是人民的好总理，是毛主席的好帮手，他和毛主席从旧中国建党走到新中国建设，全心全意为人民服务，真是鞠躬尽瘁呀。一辈子立党为公，他把自己累死了。

我拿着到总理家做客时的照片瞧，一瞧，泪就下来了。总理说：“应该多植树，树多了可以保持水土，也能改良气候，你们那里也就富了。”总理说：“纪兰啊，山西人爱吃醋，很是对不住，我这里今天没有醋，只有辣椒啊。”

周总理让我多植树，西沟这些年植了不少树，可土不好，气候也不好，死的多，活的少，离总理绿化荒山致富的要求还很远，我要用我毕生的力气在西沟植树，把西沟的山变成绿的，让西沟的人都富起来，要不我还算甚劳模。

9月，毛主席去世的噩耗传来，西沟震动了，没有人相信这是真的。

毛主席给西沟写过按语，派他的秘书田家英来西沟考察过，他要李顺达把西沟这个穷山沟建设成社会主义新农村。

西沟人永远记着毛主席的话。

村民们在西沟搭设灵堂，追悼毛主席，所有人哭成了一片。

毛主席是人民的大救星，他带领中国共产党让穷苦人民翻身做了主人。我一个农家女儿，就因为爱劳动，他老人家接见了我三次。让我这个大字不识的农民走进北京，走出国门，代表农民去开党的会议，参加国家建设。从1951年我在妇救会接受党的教育开始，到1953年我光荣加入中国共产党，再到被评为全国劳动模范，代表农民参加人民代表大会，我是一步一步跟着党走到今天。党培养了我，让我在新社会活得像个人，我怀着感恩的心报答党，报答毛主席。

这年，我去北京参加了毛主席纪念堂的建筑劳动，参加劳动的大都是全国的劳模，劳动时谁都不说话，休息时坐在一起，说着说着就都哭了。

听毛主席的话，跟党走，把西沟建设成社会主义新农村，这就是我一生的信念。

1977年，
李顺达回到西沟

1977年，山西省委的会议特别多，我是妇联主任，也是省委委员，经常被叫去开会。开会的内容有几次都是让李顺达作检查，这让我很难受。李顺达那时突然被戴上了“反大寨代表人物”的帽子，开会时有领导让他认错，他说：“我没有做过的事、说过的话，不能瞎说。说了瞎话，不是欺骗党、欺骗人民吗？”

在山西省要选举第五届全国人大代表时，省里有领导说李顺达不承认错误，就没有当选人大代表的资格。还找我谈话，想知道我咋想的。我就告诉他们说：“老李是个好人，没说过一句坏话。”

那天，我去看李顺达，我知道他心里也难受，就想安慰一下他，可走到门口，我还没说话，泪就长淌开了，人一生多不容易啊。

我说：“顺达哥，你帮了我几十年，你这会儿到难处了，可我能帮你个啥呀？”

李顺达看着我，反过来安慰我：“纪兰，这不是帮不帮的事！你就让我受着，你就不要管啦。”

我说：“可是要选代表了。”

李顺达严肃地对我说：“申纪兰同志，你一定要听党委的，西沟需要你。”

这天，山西省三届八次会议上选举党的十一大代表，当念到“同意李顺达的举手”时，全会场那么多人，没一个人举手，只有我一个人举着手，大家都转过来看我。

会下，就有代表问我：“申主任，你怎还敢举手哩？”

我说：“党培养了老李，老李培养了我，老李是个好人，带头干过来的。我了解老李，不管你举不举手，我是要举手哩，住了法院也心甘。”

李顺达那次没被选上，人大代表的资格也被取消了。直到1981年，省委发专文为李顺达平了反，他还在《人民日报》发表了一个观点，被全国报纸转载：“闹粮食不能靠山区。你就是把太行山全部推翻，能开出几亩好地？山区有山区的特点，山区要走山区的路……”

李顺达后来又当选为山西省人大常委会副主任，但再没当过全国人大代表。

1978年，
参加第五届全国人民代表大会

1978年2月至3月，西沟只有我一个人作为第五届全国人大代表，出席了五届人大一次会议。这次去北京，没有李顺达一起走，有事也没人商量着，我感到身上的担子重了好多。这次我倒不是骑毛驴去长治了，都通车了，比以往快多了。

这年的人民代表大会也变化了。第一是召开的时间固定了下来，每五年一次；第二个是人大代表要承担责任，要拿出自己的议案和建议。这个变化对于我这个大字不识几个的农民代表来说，倒不容易了，我要学着进步了。

开完人代会，我回到太原，妇联换届选举，我就说我不干了。省里的领导说，选不上你就不干，选上了你就干。结果一选，我又被选上了。

那时，妇联的几个副主任各管一摊，也没我要多管的事，我就又接着当这个妇联主任。结果他们又要来给我转户口，我就以和省委约定的“六不”推掉了。

我想呢，中国农民有八亿，我在农民里当一个农民代表，反映农民的问题，这是理所应当的。我要当了干部，把户口转到城里，我也就不是农民了，有些农民的问题我也就不了解了。

1980年，
跟上党的形势

1980年，全国“包产到户”的风已经吹了起来，西沟上下就有了松动，但不是包产到户，是下放地，每人下放了五厘自留地，每户一分半猪饲料地，还恢复了“小队核算，全奖全赔”的管理，这是要跟上党的形势哩。

这年吴春安来到西沟讨主意，他和李顺达都是1954年的“爱国丰产金星奖章”获得者。周恩来总理也请他到家里做过客。这时，他是全国政协委员、翼城县人大常委会副主任。

吴春安对包产到户看不惯也想不通，他问我：“纪兰，你就想通了？”

我也想不通，可是党在文件上有这个意思，县委也讨论了，想不通也得跟党走，我就对他说：“咱为了集体是怎受来，‘两头见星星，黑夜点马灯，大年初一来个开门红’，‘山上变银行，河滩变粮仓’。弄到这会儿了，要下放哩？这弄叫个甚？可是，我们是党的干部，国家的劳模，党要咋干就咋干，想不通咱就慢慢想，慢慢学。党总会把日子往好处引，反正我就是个劳动呢，有甚害怕的。”

这年12月，我参加了国务院召开的工业、农业、财贸、文教、科技劳动模范代表大会，在会上，我再次被授予全国劳动模范。

会后，薄一波同志在中南海接见我，他握住我的手说：“纪兰，你还是劳动模范，不简单啊！”

1982年，
这个弯一定要转

1982年1月，中央下发一号文件，肯定包产（干）到户“都是社会主义集体经济的生产责任制。不论采取什么形式，只要群众不要求改变，就不要变动”。

县委组织我们公社的干部学习。这时西沟除了少量土地下放外，基本没动。回到西沟，党支部开会讨论，大家都看着我不说话。马俊召一听要下放土地，泪都下来了。她说：“那时候为了入社，和家里人都翻了脸。集体就可好，劳动也光荣，也能挣上工分。这要分了地，还去哪儿喂牲口？还去哪儿挣工分？”

说实话，完全接受土地下放，那人民公社怎办？我也不知道怎转这个弯。

西沟是从组织互助组、合作社，一步步成为全国农村走社会主义道路的典型的，没有集体的力量，西沟能有了这走下拖拉机的路？西沟能有了这满山的树？没有集体的力量，没有西沟人挑灯夜战、挖坑填土的苦干，能有这些苹果林吗？没有集体的力量，没有几十年的坚持努力，西沟能打起这样多大坝？能治住山上的水，造出这么多地吗？

西沟这么多年，就是靠走集体的道路，从互助组，到合作社，再到人民公社，靠艰苦奋斗，才由一个逃荒人聚集的地方基本实现山绿了、果红了、吃饱了、穿暖了，可为甚还要分田到户呢？

我把话说给张俊虎，张俊虎去太原找了一趟李顺达，回来给我说："老李的意思是不行先稳一稳，咱们不行在小井垴生产队搞个包产到户的试点，是否全放，看小井垴的成绩再定。"

1982年入冬，平顺县在西沟召开全县干部大会，介绍下放经验，推动家庭联产。县领导在会上说，早放早进步，迟放迟进步，不放就落后。

西沟的全体党员参加了这次会议。散会后，县委又专门留下西沟的党员开会。

县委书记张志刚说："咱都是党员，也都参加了这个会，你们说说，咱西沟怎办哩？"

大家互相看看，没人吭气。

张书记说：“我去太原开会，见了见咱老李。李主任（李顺达已是省人大常委会副主任）说了，中央已经有话了，该怎干怎干吧。中央的话，就是要实行多种形式的承包制。咱平顺都承包了，就数咱西沟慢。西沟是老先进，这回还能落了后？所以留下大家开个会，也算是吃个便饭。你们再说说，有什么意见都能说，看看咱怎快点承包下去。纪兰同志，你是老先进了，你说说。”

我就站起来说：“党号召咱农村改革，那就一定是农村的情况需要改。我一时想不通，不理解，难接受，是一回事；但要听党的话，相信改革是对的，必要的，是另一回事。这个弯一定要转，一下转不过来，我就慢慢转；一天转不过来，我就天天转；反正不能误了生产，不能误了劳动。”

我为1982年这个弯掉过很多眼泪，就因为我是合作社成长起来的劳模，我也担心过自己以后怎办，可是不管怎样，我心里一直有个底线，那就是听党的话没有错。

1983年（上），
分地

1982年在小井垴生产队搞的包产到户试点，1983年，他们成绩显了出来，小井垴亩产量比集体多。小井垴的李财顺因为多打粮食还出席了县里的劳模会。

这让我心里有了底。

西沟党支部决定按中央政策和县委指示开始分地。

先分牲口。

两百多头牲口都被赶到了沟滩的一块地里，各家都来了代表，忙着把各种牲口分类；所有牲口都被分了等，作了价，编了号，号就用颜料涂写在它们的背上。二百多张小纸片上也对应地写上“马1”“骡2”“驴3”“牛4”，然后搓成蛋儿分别装在四顶帽子中，两顶分别装一等、二等“骡、马”，两顶分别装一等、二等“牛、驴”。按家大户小开始在四顶帽子前排队点名，依次抓阄儿。抓到的展开小纸片去登记、对号、牵牲口。

接着是分田分地，分包果树。

地被分成了上、中、下三等，人均七分，好地差地人人有份。也用的是搓纸蛋儿抓阄儿的方法。那块最大的“南四亩”被几家所拥有，地界之间埋上石头作为标记，我在这块地里也抓了一份；那些“草帽地”、“裤带地”都重新丈量过，一家能分数十块，散乱地分布在一面或几面山坡上。

苹果树都是连成片的，被几户承包了。其他杂果树，长在谁家田埂边的就归谁家，长在沟坡上的就按家按人各分几棵。

再接着就分包农机具。

犁、耙、糖、耧等等农具都一应俱全，也都扛到了一块空地上一字摆开，仍然编号、抓阄儿。平均每家分到了一件，以后农时到来时，各家就只能调剂着使唤了。

有五辆汽车和四台拖拉机。汽车总包给了一个大队干部，拖拉机分包给了四个社员。

几个月后，除两万余亩山林外，西沟的集体就差不多只剩下几间房屋和几枚图章了。

1983年（中），
从省妇联卸任

这一年，国家按照新宪法选举全国人大代表，我再次当选，参加第六届全国人民代表大会，这次我去北京开会，发现当年一起当代表的劳模没有几个了。这次会议完全是新的气象，让我很受启发。开完会，我回到太原找省委领导谈话。我说，在互助组、合作社时期，西沟走在了全国的前列，那是“领着走”，后来学大寨是“跟着走”，现在实行联产承包责任制，是在“摸着走”。我们西沟没有经验，在新形势下走，全国都在以经济建设为中心，我不想落在全国后面，我要回西沟好好劳动，带大家走致富的经济路子。

这次省委同意我卸掉当了十年的妇联主任职务，我算是完全回到了西沟。

我从妇联卸任，刚回到西沟，李琳就从太原赶到西沟来看我，我正在地里担肥，他找到地里，他握着我的手说他很担心我有失落感。

我说：“李书记啊，你了解我，我是太阳底下晒的人，不是那办公室里坐的人，还是西沟好！”

李琳说：“我看你是跟西沟绑在一起了。现在地都分了，你还想做甚？”

我说：“李书记，不是西沟离不开我，是我离不开西沟。”

我一句话把李琳说得眼里流了泪，他说：“纪兰，你能把自己变成现在这样，不容易啊。”

说着话，想到以前，我们俩都哭了。

1983年（下），

他就是对西沟贡献最大的人

这年7月，李顺达去世了。他是心脏病发作走的。

我接到通知，和西沟党支部、村委会的一班人，连夜赶到了太原。

在医院的太平间里，我帮着顺达嫂给顺达哥换上了一身新衣服。

第二天的追悼会，省城上千名各界代表来为这个太行山上的英雄送行。顺达哥躺在鲜花中，身上盖着党旗，这个1938年就入党的老党员，就这样结束了他英雄的一生。

顺达哥火化后被安葬在太原双塔寺革命烈士陵园。

我和他的家属一起，从太原取回了李顺达的一半骨灰，我让人取出那块在西沟放了十几年的柏木，打了一口棺材，把顺达哥安葬在了西沟背后长满绿树的山坳中。在十几年前，西沟建接待站时，发现一块好的柏木，顺达哥当场指着这块柏木对在场的人说："这木头留着，将来谁对西沟的功劳最大就给谁。”

他就是对西沟贡献最大的人。

我毕生都感激李顺达，他让我在西沟这个集体中得到成长，培养我加入中国共产党，他是我的引路人。西沟的今天是他带着大家一点点干出来的，没有李顺达，就没有西沟的今天，没有西沟，就没有我申纪兰的今天，这就是吃水不要忘了打井人，翻身不要忘了共产党。

我真要把西沟变富起来，李顺达带领大家改变了这个穷面貌，我再给它创环境，让大家得到实惠，这才是我一生最好的一点东西。

1984年（上），重建经济合作社

西沟把苹果树承包给个人，但管理不好，结的果就只有乒乓球大小，当时欢喜的也不欢喜了。五辆汽车包给了五个群众，都是当年使劲跑，不会经营，第二年就赔了。村民合伙办的几个小厂也在很短的时间倒了。

最要命的是当年大家拼了命种下的松柏林，没有集体的维护，缺少人关心，都在“荒长”。

有的人还养出了一些坏毛病，不仅对集体财产不爱护了，还想着把它据为己有，偷偷把柏树梢砍回家，点长明灯。

当年在这石头山上栽活树多么不容易！砍树可就是砍我的腿呀！

这让我心疼，也心里有愧。

时代变了，我要怎跟上啊？西沟可不能就这样下去，顺达哥已经走了，这事我得自己上。

几个月后，我在太原开省劳模会时，看到其他地区的变化，我就拉住张俊虎说："咱西沟得上企业，还得拉着大家一块干，我不相信不致富。"

这年，我在西沟重新组建经济合作社，我任社长。

我告诉大家，这个社和三十多年前的农业生产合作社不同，主要就是为农民生产提供产前、产中、产后服务，收集致富信息，开辟生产项目，解决农民收入。

我还对这次办社有个构想，那就是"远抓林，近抓农，修好路，吃饱肚，村办企业迈大步"。

第一步，我把苹果树收回来又重新招标承包给了一些能人，我自己出面去县里市里请来了技术员，帮承包人出主意，想办法，做指导，给他们开路。

第二步，我从省里请来林业工程师做顾问，再次组织人力上山，对所有松柏林进行梳理；把所有山林分片派了护林员，常年养护。但是，这里面也有难事，新社和旧社不一样了，地一分，任谁给集体干事，都得钱来说话，没了积极性，我还得从别处想办法。但无论是甚，植树，护树，绿化山区，就是我的命，我任谁也不会丢。

1984年（中），带干部走出大山

社成立了，不能光护林，光盯着苹果树，西沟必须办企业，可是怎办成了问题。

党支部组织开干部会议，大家都说要不去外面学习学习别人是怎做的。

最后我们决定先去史来贺的刘庄学习。

去刘庄看的心思我早就有，史来贺在上次劳模会上也请我去他那看看，他是同时期的全国劳模，在刘庄当了三十年的党支部书记，带领刘庄人致了富，一个村就有二十多家企业，人均收入都到了三千元，想都不敢想。那次劳模座谈会对我震动很大，史来贺都跟上了党的新形势，在会上很风光。

史来贺的刘庄，从上世纪七十年代中期就开始发展畜牧业，然后办了造纸厂、机械厂、食品厂等很多企业，经过几年发展，他带领刘庄已经成为了中原第一小康村。

大邱庄是后来起来的，前些年，大邱庄也是“抓斗争，心慌慌；学大寨，穷当当”。可土地解放后，大邱庄以“能人”办厂，先后办起了带钢、制管、印刷、电器等几个企业，很快成为“中华第一亿元村”。

那次座谈会上还有北京的仉振亮、山东的王永幸、浙江的鲁冠球，都是带领人民致富的好手，西沟都不敢和人家比，一进会场，我就往后坐，我这个劳模是真的落后了。

薄一波同志在众人中发现了我，他叫我：“纪兰，来，往前坐。”然后他向国务院领导介绍我说：“纪兰在西沟种了很多的树，让纪兰给大家讲讲。”

我站起来，大家都看着我，我就说：“种树好，种下了个绿色银行，可眼下还是生态效益好，经济效益不行；要把经济搞上去，没个企业不行。”

会下，史来贺让我走出西沟，到他那儿去看看，开放开放眼界，解放解放思想，他也帮助西沟选个项目。

我带着西沟的干部，来到河南新乡的刘庄。史来贺陪着我们参观了造纸、食品加工厂等几个企业。然后对我说：“纪兰大姐，你看看有什么项目西沟能干？”

我说：“西沟是个穷地方，多大的企业也办不起，造纸，我们那儿不行。”

史来贺说：“纪兰大姐，光靠种地富不了，赶快上工业吧！”

我说：“钱没钱，啥没啥，光有石头和树，咋上？”

史来贺说：“石头也是资源呀，关键看你怎么用它，你们西沟上工业就要发挥自己的资源优势。”

我说：“对，就是这个思路，我就是来找你开窍的。”

史来贺说：“纪兰大姐，你从小往大慢慢来，我这里闲着一台面包机、一台饮料机，送给你，先回去办个食品加工厂。”

我说：“我是来学习你的，不是来要你东西的。你给我出出主意我就感谢你了。”

史来贺说：“纪兰大姐，东西你可以先拿回去，赚了钱再还我，我这儿还有成套的纤维板机，你们那儿有树，回去生产纤维板也行啊。”

我仔细了解了一下纤维板，问他：“这机器得多少钱？”

史来贺说：“一百多万（元）。”

我说：“那不行，西沟没那样多钱，拿不动。”

史来贺笑着说：“纪兰大姐，西沟是老先进，你们在穷山区艰苦奋斗，在中国最难的时候给全国人民带了头，那是我一直敬仰的地方，你和李顺达都是我的榜样，你就别客气了，能帮上西沟，也是我的光荣。”

我说：“老史，你是好人，你的好心我领，设备先放着，我这次回去和干部们再合计一下，要能干，我就来取。”

史来贺要招待我们，我急着回去，赶到新乡，车不对时间，要住一宿，登记旅馆时，服务员问我：“你就是申纪兰？”

我说：“我是，我是申纪兰。”

服务员就叫来了另一个男人，说：“这就是全国劳模申纪兰。”

那男人握住我的手说：“我是听你的故事长大的。没想到在这儿能见到你。你能来我的小旅馆是我的福气，不管多少人，一律免费吃住，中不中？”

我说：“这说叫个甚，我们该出钱出钱。住旅馆还能不出钱？你是谁？”

男人说：“我是这儿的经理，你让我招待你一回。”

我说：“现在国家发展，哪儿都不容易，你要不要钱，我就不在这儿住了。”

那经理亲自给我们打上开水，不再提不收钱的事了。

这次出去，遇到这两件事，都让我心里暖暖的，社会没像有些人说的变了，好心人到处都是，他们知道这个国家刚从苦难中走过来，各方面都不容易，任谁也不容易。

我们从刘庄回来，把“纤维板”项目带到太原省林科院去问。林科院派人到西沟进行了考察，结论是这个项目不适合西沟：一是西沟缺水，二是原料供应也有问题。林科院的人说，西沟的林子根本不够“纤维板”吃。我们就把这个项目放弃了。

1984年（下），去大邱庄学习

在刘庄的学习，虽没找到好项目，但干部们启发很大。干事得靠人，解放思想是关键，这次我想带干部们去禹作敏的大邱庄再学习一下，那是中国第一个亿元村，说完话我就组织西沟十几名干部出发了。

我们一行到达大邱庄，禹作敏正好去了北京，大邱庄的接待人员就例行公事，让我们投宿在静海县城，第二天安排参观。

第二天，我带着大家再次来到大邱庄，接待人员全部围了上来，他们的一个副总经理跑过来对我说："您就是申纪兰同志，我们董事长知道您来了，正从北京往回赶呢，估计中午就能到。"他说的董事长就是禹作敏。

这个副总经理陪我们参观了几家重点企业，还找来技术人员专门讲解。

中午，禹作敏就到了。

禹作敏在他们的“人才村”科技楼接待我们，他走到门口拉着我的手说：“老申，你可来了呀！”我说：“我是向你来学习的。”禹作敏拉着我进了楼，跟着我的干部被挡在了门外。我说：“我是来带干部学习的，你怎能把他们挡在门外了。”禹作敏让人放行，然后连给我说误会了。

大家进入会客室，禹作敏坐在他的老板椅里，看看我，看看我带来的干部，开口就说：“你们今天为啥能到我这里来，就是因为穷，就是要想富。我当村干部也三十多年了，过去也想领上大家富，曾四次赴大寨，一次奔西沟，黄土地里流够了汗，也吃尽了苦，可总富不起来！原因何在？很简单，就是让这黄土地绊住了脚！”

禹作敏甚也不问，就开始讲他的话，我带来的人都低着头。

几年不见，老禹咋就变了一个人，我不同意他把农业说得甚也不是，但我这次来不是来和他争的，是来学习的。

禹作敏问我：“老申，你一年挣多少工资？”

我弄不清他为啥突然问起了这个，就说：“我不挣工资。”

禹作敏一直腰：“那你靠啥生活呢？”

我说：“我种责任田，地里的够我了，我现在想给西沟办些企业。”

禹作敏说：“想办企业，你们得先把思想解放了，把观念改变了，你一个劳模要是守着穷，怎么能带领大家致富？”

我说：“我们来就是向你学习、取经来啦！”

禹作敏说：“这次我先不跟你谈别的，观念不转变，想干什么都难干成。等你把观念转变了，上什么项目我都能帮你，我这儿有的是好项目，给些资金也行。”

我说：“那行，那我们就先走呀！”

我来大邱庄时特意给禹作敏带了些土特产：苹果、核桃、花椒，这就是西沟所能拿得出手的最好的东西了。我看禹作敏也不会稀罕，但还是给他留下了。

临走，禹作敏让下边人给我们准备了一顿便饭。

在他们的宾馆里，满满摆了三桌，还把我请到了一个豪华包间。那一顿我甚也吃不下，带着人赶快回了西沟。

路上，干部们都议论禹作敏。

我说：“他本来就是直性子，讲的也是好心，我们学有用的就好了。”

1985年，
开始办铁合金厂

早在1983年，我和张俊虎在省里开劳模会时，就与冶金部的一位工程师见面说了西沟办企业的事。工程师建议上一个铁合金厂。他说这个项目周期短、见效快、工艺简单，适合西沟干。只要把炉建起来，就可以生产铁合金，也可以生产单晶硅、硅钙合金、硅铝合金等产品，换换原料就行；就像咱家炒菜，有了铛子，能炒肉，也能炒豆腐。

我和张俊虎都觉得这个项目可以上，但得投资上百万元，张俊虎就又去见平顺侯壁电厂的领导秦书勤，说了我和他的打算。秦书勤也是西沟人，他说："我先搞个试试。行了，西沟就上；不行，也告诉你，不用瞎干。"

一年后，秦书勤的回话是："能干，一吨两千多元，有一半的红利。"

1984年我带干部外出考察一趟，也没有个合适的项目，这就决定要上个铁合金厂。

铁合金厂的场地好说，那是在土地下放时就预留下了，但资金没有，是个大问题。大家想不出好办法，只好我去试试。

1985年3月，我要去北京参加六届全国人大三次会议，我就带着请示报告去省里找。报告是用钢板刻好油印的，一份四页。

去年刚当选西沟村委会主任的张高明随我到了太原，找到分管农业的省委副书记王庭栋。王书记问我，纪兰，你有什么事?

我说，我想办个铁合金厂。就把资料给了他。

王书记接过报告看了看，随即签给了省计委农业处，说去找他们就行了。

这年9月，省计委批文下来，投资指标也到了县财政，西沟铁合金厂1800KVA一号炉正式开工建设。

建炉需要工字钢，我就又和张高明去太原钢铁公司，找到太钢党委书记王景生。王景生以前当过长治市委书记，他见我，马上就给我办了。

建铁合金厂的工作，由村委会干部周德松负责，他来向我汇报说工地上缺钢材边角料，问我能不能去山西化肥厂进一些来。我就带上他去太原的山西化肥厂，山化的领导知道是我来了，就开了绿灯，下午就装车，还要请我吃个饭，在宾馆午休一下。

能弄到钢材已经很好了，我就说："我还有事情要办，下午一上班能装车就行了，其他的就不用了。谢谢你们能帮西沟。"

周德松一出来就说："申主任，你今儿个有什么事？咱就是来拉个料。你是不想给人家添麻烦吧？真是哩，这又不用咱花钱。"

我说："瞧瞧吧。这就不赖了，说办就能办。还想吃一顿，睡一觉，你还要干甚哩？"

中午，我们吃了点自己带的干粮，就坐在一棵大树的荫凉下，直到下午三点化工厂上了班，要装车，工人说装车按规矩要收五十元装车费。我就和周德松俩人自己装车，装完把钢材运了回来。

铁合金厂刚要办，我靠着我的老劳模面子，四处找帮助，大家也都帮我们西沟。我申纪兰遇到这样的待遇，要是还办不好企业，是怎也交代不了的。

申纪兰在铁合金厂。

1986年，
再去大邱庄

铁合金厂开建，甚都缺，到处都是困难，甚材料紧张我带着人跑甚材料，有些材料有钱也不好买，不是少了这，就是缺了那，忙得我常常起五更睡半夜，一天只吃一顿饭，县城一趟，长治一趟，太原一趟。铁合金厂就是开不了工。

张俊虎就来找我，说他还是想上个项目，想再去大邱庄看看。

我说，你快别去了，禹作敏跟以前不一样了。

张俊虎说，为了西沟，咱们还是跑一趟吧，学习学习还能有不受罪的。

我就给禹作敏挂了个电话，禹作敏说，你要来我欢迎。

我就和张俊虎、李培林、张高明四人又去了大邱庄。

大邱庄比以前更气派，高大的办公楼，新建的小别墅，那真是楼上楼下，电灯电话。

禹作敏招待我们坐下，然后就问张俊虎：“你的衣服多少钱？”

张俊虎还穿的是他十几年前参加“中朝友谊参观团”时花一百九十（元）买的衣服，他就回答说：“那会儿不便宜，一百九十多（元）哩。”

禹作敏说：“连我个扣子也不如。你一年挣多少钱？”

张俊虎说：“乱七八糟的千把元吧。”

禹作敏说：“那够干吗？我七十万（元）也不够。”

张俊虎脸红一阵白一阵，他看了眼我，说：“申主任带我们来，就是想让你帮助上个项目，在项目、管理上给予支持。”

禹作敏对我说：“老申，你说你要多少钱吧，给个项目，你们也不一定能干。”

我说：“我们是来找项目，不是来要钱的。西沟发展还是要靠艰苦奋斗，自力更生。”

这次项目没有谈成，钱也没有要，我们四人就回来了。

1987年，
办厂中的两件事

1987年冬，西沟铁合金厂一号炉点火。头天黑，我和几个小伙子一起装炉，天明时，第一炉铁水出炉了，我激动得眼泪都下来了，这比我当年带着西沟妇女炼钢铁炼出第一炉铁时不知激动多少倍。现在炼出的可是值钱的铁，一吨就是好几千元。

铁合金厂一年为西沟带来了八十八万元的利润，这是当初想也没敢想的。把这一项加进去，西沟的人均收入首次突破了五百元。

从1985年到1986年，再到1987年，三年，这个铁厂才跑成。咱几十年在西沟只知道下地劳动，种树，砸坝，垫地，风风雨雨，解决山区这个建设、绿化，还有些经验。可办企业，纯是从一窍不通过来的。

为了跟上党的形势，致富山区，咱请示了省委，省委领导就很

1987年11月8日凌晨，西沟铁合金厂第一炉铁水从炉口流出。

高兴地告诉我，你这个思想进步了，纪兰同志，你能办企业，省里很高兴，也支持你。省委领导就跟扶贫办同志说了一声，给我们解决了一些贷款，我们也自筹了一部分，办了这个厂。

在办这个厂时，困难非常多，也不懂个螺丝，也不懂个螺钉，我们县里边有个土专家，他就是干这个呢，请他来给我们研究了以后，办了一个厂，这里边能上一百个劳力，能解决一百户问题，我们就上了。

这三年发生的事太多了，有两件事我一直记得清。第一个是进货，我们钱少，要是我不去，他们出去两天都进不上货来，我自己一天就能买回来。我自己又是厂长，又当采购。

建厂时，工头跑来跟我说，没有角铁，没有钢管，也没有三个的（钢管型号），也没有五个的（钢管型号），买不到，活干不了。

我说，那咱就停工，咱买上来你再干。他说，那停工待料，工资照发。

我说，这个可不行，还能这样呀？你没有劳动，我怎给你工资。他说，你打开合同看一看。我打开合同一看，一黑夜没有睡，这不干活还得发工钱，可怎办？这个办厂的钱，一分一分来得不容易，要这样，厂办不起来就花完了。

我到四点多五点，刚有个明儿，就往长治走，我一个人是比较胆小的，但我也大着胆子走到了县。长治有个铁厂，我就找他救援，问他有没有三个和五个的钢管。他说，三个的没有，五个的刚好有。我就说，好，我就要五个的。

他们厂长来了，问我，你这么早就来了，坐甚车来的？我其实是走去的，我也不愿意说没有坐车，就说车走了。他看出我是走来的，就感动了。我把我需要的材料给他说了，他说他有一样有，还有一样没有。还告诉我去城建局看看，那里有我要的钢料。

我就又走了几里路到城建局去，到了，人家还没有吃过饭，问我，你吃了饭没有？我说吃了。人家又问我，你喝点水吧？我说不用。

只要你有这个东西，比我吃饭喝水都强。我心里说，没有告诉人家。

厂里等着料开工，你吃上饭，喝上水，就耽误时间了。

就这样，我把厂里需要的钢材买到，叫车拉了回去，才没有停工待料。

还有一次，南方来了个推销员，推销铜线，铁厂正好需要铜线。

他来到厂里，问厂长去哪了？

厂里人告诉他，我刚回家，就指给他我家的位置。

我一个农村人，烧锅做饭，当个厂长，穿也没有个西装。

他站在屋外喊我，申厂长在不在？

我说，你来吧，有甚事儿？

他瞧了瞧我，倒转身走了。看见我不像个厂长。

他走出去了，问了一下村人，又回来了。

他又问，申厂长在不在家？

我说，我跟你说话，你不跟我说，就走，你又喊甚呢？

他瞧出我来，就说他是推销铜线的，问我需要不需要。

我就说了一句话，质量第一，价格不高，公道价格我才要呢。我恐怕多给了钱，让厂里吃了亏。

他说，不但不让你吃亏，还要你讨便宜，一笔我给你30%的奖励。

我说，我不要奖励，你把价钱给我降下来就成。

他说现在就兴这个。

我说，他们兴，我不兴，我是个共产党员，我不讨这个，你给集体优惠了就行，我个人不在这个上边说。

后来这个同志很好，他喝了点水，走了以后，从他们那儿把铜线给我邮了过来，价格非常低，质量也是最好的。这个同志还给我来了一封信：我走了大半个中国，还没有见过你这样一个同志。我也是个共产党员，我要向你学习。

1988年，

参加第七届全国人民代表大会

1988年3月至4月，我又出席了第七届全国人民代表大会第一次会议。这次会议，70%都是新当选的代表，可我已经是第七次当选了。这七次加起来就是四十年，我也快六十了，我能一直跟上党的形势走，不是一件容易事呀。当年只顾学大寨了，连个企业也没弄上，一开放就和史来贺、禹作敏他们拉开了差距。我去刘庄瞧，去大邱庄瞧，他们真把农民生活搞富了，住上了楼房，电灯、电话、自来水，甚都有了。我这个老代表，老劳模，咱不承认落后不行呀。西沟落后了，怎？不干了？不干就更落后了，西沟就更穷了。干还恐怕撵不上人家哩，再难我也要往前赶。党从旧社会就开始培养我，新社会我当了人大代表，代表的就是农民，为农民办事就是我的本分，再难还有当年办社那会儿难？

我们西沟1985年建的铁合金厂，到今年也把建厂的钱全部收回来了，现在开始有利润了，也给西沟人增收了。这个厂我从1987年开始运营那天就开始给国家上税了，还专门请税务局的人来定期查账，党的好政策使我们山沟沟里办起了现代化企业，感谢党、感谢政府最好的行动就是向国家多缴税款，偷逃国家税款是违法行为，保证每月的税款足额上缴国家就是我办企业的责任和义务。后来，长治市税务局还请我当了义务宣传员。

1989年，
没钱能打出个井来

1989年，铁合金厂用水变得非常困难，没有水甚也干不了。十几年前找的水，打的井，吃也快不够了，挑水还得走多远。我跟支部书记商量了一下，决定从河南叫来一个专家，好好看看，打一口深井，彻底解决农民吃水和企业用水问题。

河南这个同志来了，我们就给他说，你能在西沟给我们测量测量，看有没有水，我们这里祖祖辈辈没水。这位河南的同志是个很老实的人，他规划了规划，说我能给你打，但不保险，能打出来也可能，但是打不出来也存在。

我说，打不出水来，我可不给你钱。我这个私心重一点，我就说没有钱。他说打不出水来，我这成本怎算。

我说，你该打打，我该想办法想办法。

西沟祖辈吃水太难了，打一眼深井，这是群众需要的，水贵如油呀。

老百姓走多远，还挑不来一担水呢，我把这件事放到肩上。

铁合金厂要运营，钱不能随便乱动。我就想办法弄了一部分钱，还自筹了一部分钱。

在打井的期间，我黑来就睡不着觉，我想真要打不出来，可怎交代？

这个井，这位同志规划得很科学，水打了出来，不大，但我们用机器，用液压井，解决了企业用水，更解决了群众吃水。

有两个老党员见水出来，就流出了眼泪，都哭了，真没有想到西沟还有水，祖祖辈辈都没有水，这可解决了群众的一个大问题。

水也出来了，我的泪也出来了。不管怎说吧，有了水了，咱算可以继续往前走了。

1992年，
我做的还太少，可党给了我很大荣誉

1992年3月，长治市委通知我到潞州剧院领一个奖，我去了才知道是要授予我“太行英雄”的光荣称号。我说：“李顺达才是真正的太行英雄，你们不要给我授奖了。”可他们还是要给我授，我就说：“我是个山沟沟里的普通妇女，要不是有了共产党，我怎能当上全国劳模、人大代表？怎会去北京见毛主席、周总理？我只是做了一点自己应该做的工作。我做得太少了，可党和人民给我的太多了。要是说做出了一点成绩，那也是党的关怀和教育、人民的帮助和支持的结果。所以，我做的一切，都应当归功于党，归功于人民！”

市委的同志说，你是农民的劳模，干部的楷模，你拿这个奖本身就是为党做贡献，我们太行的干部有你这个标杆，工作就会有高标准，这就是省委提倡的“纪兰精神”，坚苦、朴素、干实事的精神。

1992年，申纪兰获得“太行英雄”的光荣称号。

我这一辈子，党给了我很多荣誉，我放在心上，背在肩上，有时也问问自己，其实很多事都没有做，有的做了也没有做好。毛主席说，一个人做一件好事并不难，难的是一辈子做好事。在村里，大家谁有了病了，谁受了伤了，都来找我。我也不是每件都能帮上他的忙，能做我就做，不能做，我也硬着头皮去做。

1992年，张建荣盖房摔断了腿，他媳妇找上我，见面就哭，那会儿也没有小车，也没有救护车，就是个工具车，我赶紧找上，把他送到了市医院，人家下了班了，我一个一个找着医生出来，帮助弄上腿。那医生还认得我，就给赶紧治，我守了他一夜，确定没事了，再跑回西沟给他找治病的钱。

还有一个说是得了食道癌，让我带他去林州，说那儿能治，林州离西沟好远呢，河南省的。我说咱到长治检查检查吧，就引上他，找到那好医生，主任对我也很好，都认得我，一见面就说，哎呀，你又是为人民服务呢。你来了，我先给你看看吧。结果，医生一看就不是食道癌，吃点药就能好。这个人治好病，就来跑来感谢我，他握着我的手，眼泪就下来了，一个劲说，你真好，你真好。

我说你要感谢就感谢共产党，要不是共产党教育我，我就不好。

哎，那时候正是我们搞农田基本建设，地冻不烧冰，雪下不停工。有个闲时间都不容易，可是样样事情都来找你，你也办不好。

在一次建设堤坝的时候，就把一个人砸死了，还有个老汉把腿也砸折了，是我们没有防备好，把他砸着了。

我赶紧就过去，想抬他去医院，可他那个样子，谁也不敢动他。他的左脚是朝前的，现在朝了后了，腿折了。我把他身上的灰土刨了，把他嘴上的血擦了。我说，你忍啊，把他的脚用劲一扭，然后一拉，就正过来了，这都是没有办法的办法。我说我也没有学过接腿医生，就给他拉了拉，倒接进去了。

这个事我在生产队时就做了，有个女队长，折了腿了，我用劲给她拉了拉，接了两条腿。

我们艰苦奋斗可不是一句话呀，那个死了的人，他也没有享受过甚大米白面就死了。

为建设西沟，这么多年可不容易，冰冻三尺，不是一日之寒呀。

1993年（上），
第八届全国人民代表大会一次会议

1993年3月，我当选为第八届全国人大代表，参加了八届全国人大一次会议。

这次大会报告农民的收入水平达到七百八十四元，西沟还在全国平均水平之下，这让我更感紧迫了。这次大会当选的国家主席江泽民同志问到西沟的情况，我说："老区还很穷，要多栽树，多修路，发展山区特色经济和乡镇企业，才能致富。"江泽民同志鼓励我好好带领老区人民走致富的路，最后还和我合影留念。

这次会上，在分组讨论中，我还向党和国家领导人建议，有了法，更要有人监督才行，现在法是不少了，关键是执法要严。

1993年（下），
修建李顺达纪念亭

开完会，我去看望薄一波同志，他两次到过西沟，他对老区人民有感情，对我和李顺达有很大的帮助，我每次去北京都会去看望薄老。薄一波同志见到我，很高兴，就问我："纪兰啊，你今年又在西沟干了些什么事呀？还在种树吗？"

我点点头说："薄老，我纪兰甚时都不会丢了种树，今年我又开始带领群众上山种树了，这次是向阳坡种，那地儿不好种。我在自家的地里做过试验，还搞了个容器育苗，总结出了径流整地、石片覆盖的技术，现在阳坡绿化成功了，要不了几年，你再去看，就全是树了。"

薄老听我说完，动情地说："你真是一位好党员，西沟条件那么差，你能坚持下来，真不容易啊！"

我说："薄老，我这次来还有个事要请你帮忙。我们西沟想在展览馆后面的山坡上，给李顺达修个纪念亭，亭里再树个碑，想请你给上面写个字。"

薄老一听，说："好，纪兰，这个我写。"

回到西沟，我们就在展览馆紧依的山坡上为李顺达修建了一座纪念亭，亭内树立了纪念碑。彭真同志为纪念亭题写了"劳动模范李顺达纪念亭"亭名，薄一波题写了"劳动模范李顺达纪念碑"碑名。

这一天，西沟党总支部在纪念亭前表彰了一批优秀共产党员。

西沟人不会忘记，1929年，十五岁的李顺达背着架纺花车，冒着漫天风雪，从河南林县到了西沟。是他领着穷弟兄们减租减息，支援前线；是他带领大伙组织互助组、合作社，种树、造地，立志要改变穷山沟的面貌。

西沟人不会忘记他的奋斗和他的磨难，就让这满山的苍松翠柏为老李遮遮风挡挡雨。以后每年的清明节，我都会在这里为老李烧点纸钱，献束野花。

1994年，
西沟吃上了自来水

省委把西沟评上了先进典型，给拨资金三百多万元，要让西沟百姓吃上自来水。

我是这项工程的总顾问，不管顾问不顾问，只要为西沟百姓找水，干啥我都愿意。

这天，我要和县委的张县长一起去太原跑引水工程的钢管，专门穿了好一点的衣服，起了个大早，提着吃食，就往县城赶。

公路上这时候还没有车，我就步行往县城走。走了有一里多路，听到身后有车声，就边走边扭回头看，是往长治拉矿石的卡车，司机停下车喊我："申主任，这么早你去哪儿呀？"

我说："去县城。"这路上跑的司机基本都认识我。

他拉开车门就让我坐进去，把我捎到了县城。到了县城，时间

才刚过六点，我走到张县长家，张县长就在家等着我。他说：“申主任，你吃饭了没有？”

我说：“吃过了，咱赶紧走吧。这可是上太原，晚了人家下班了。”

这时车刚好来了，在门外摁喇叭，我们就出发了。

这次省里拨款建的这个引水工程，是要把平顺县内的浊漳河引到西沟去，这河是全县最大的常年性河流，以前除了能浇一浇两岸的土地外，都给白白地流走了。早在上世纪六十年代初，下游的河南林县动用人力修了一条“红旗渠”，就把浊漳河水引去了，平顺人干看着没办法。直到1984年，平顺用一个提水工程让浊漳河水倒流了二十二公里，注入到县城中心的“人民池”里，从此才让县城结束了年年闹水荒的局面。这次的西沟提水工程和以前的方法一样，就是要让已到了县城的浊漳河水再倒流九公里，到西沟去。

车子一路没停，我们赶到太原已是上午十一点多，等找到办事单位正赶上下班时间。我就和张县长坐在办事单位院内的树荫里等人家下午上班。

在太原办完手续，我们再赶到临汾钢厂就下午六点了，又赶上下班。临汾钢厂是“三班倒”的企业，有值班的厂领导。厂领导听说是我来了，就赶快把我接进去，问明了来意，便把我们又引到厂招待所，上菜上饭，边吃边和我们谈。

厂领导说：“申主任呀，你是咱山西人的骄傲呀，你能到我们厂，是我们的光荣，你要的那种钢管呀，我回头向厂党委汇报一下，价格一定给到让申主任满意为止。”

他说的话让我很感动，我说：“我是一位农民，带着西沟的农民致富，办企业，这些年净是工人老大哥给我帮助，走到哪帮到哪，要甚给甚，这都是在新中国呀，这都是在共产党的领导下呀。”

厂领导也激动了，他说：“是啊，申主任，我们都是从不容易过来的，穷苦人不帮穷苦人帮谁呀！”

我说：“我这是解决西沟祖辈的吃水难问题哩，你要能应下这个事，今晚我们就回呀，你把我们需要的钢管准备好，就运过来，我回去就给你拿款过来。”

两天后，钢管运到了西沟。那位厂领导承诺兑了，当时钢管市场价格每吨四千多元，他给我们的是每吨三千五百元。

你要为人民办实事，你要能把自己的全心亮出来，处处都能碰到好人的。

这次西沟引水工程，年提水量十八万二千立方米，解决了一个乡五个村六千零二十五口人，八百余头大牲口的饮水及工农业用水问题。

西沟用上了自来水，乡亲们都过来感谢我，我说这水是省委让咱吃上的，要感谢咱得感谢省委、市委、县委的领导，感谢共产党，感谢为人民办实事的共产党员。

这年8月，朱镕基同志来到西沟视察。在第八届全国人大一次会议上，朱副总理参加山西代表团讨论时，我就和他认识了。朱镕基同志听完我对西沟几十年坚持植树造林、绿化荒山的汇报，登上了西沟的最高峰尖山踝，详细询问了群众的生活情况，并亲手在东峪沟岭上栽了一棵柏树。

申纪兰卧室的一面墙壁上，挂满了一个农家女的荣耀。

1995年（上），
中央领导视察西沟

1995年3月，姜春云同志来到西沟，姜春云同志看了西沟展览馆，看了铁合金厂，还去了我家，在西沟党员活动室和县里乡里的干部、群众进行了座谈。

这年4月，李鹏同志到长治视察工作，在留村接见了我。

这年4月13日，胡锦涛同志来到西沟。

胡锦涛同志参观了西沟展览馆，听了我对西沟历史和现状的介绍，接着在西沟党员活动室和干部群众代表进行了座谈，对西沟的发展提出了殷切的希望。

1995年（下），

西沟最后一位“五保户”

这年冬天，西沟最后一个“五保户”张买女走了。

这个只比我小几岁的张买女一生比我还要不容易，耳聋嘴哑，一辈子就一个人过。他老早就没了父亲，一直与母亲相依为命。年轻时很能吃苦，也很爱劳动，心灵手巧又不惜力气，但就有一样不好，甚事只听母亲的指派，再谁的话都不听从。在西沟大家都争着劳动致富参加集体的时候，他开始还能跟着他母亲参加集体劳动，母亲一去世，他就变了个人样，怎说也不愿下地干活了。谁叫他，他就跟谁干仗。很早没了父亲，现在又没了母亲，自己又听不了话，说不出话，大家都同情他、可怜他，就也由着他每天背着手满沟里转圈子，坐在阳坡下晒太阳。四十岁那年，他就被定成了“五保户”，每月都准时背上布袋去找保管要粮。

后来，包产到户后，集体没了粮食能给他，他的生活就困难了。

再没人管他，只有我去找他，我劝他做点事，他任甚也不做，我就只好接济他。

算算有十几年吧，我一直照料他，没粮送粮，没衣服送衣服，好坏我尽我力气，好在他也都接受。

1993年往后，他的身体慢慢多病，行动不方便，我一照料不上就饿肚子。我只要在家，就给他挑一担水，做好饭就给他端过去，我吃什么，我婆婆吃什么，就给他吃什么。要出门了，就先给他把水缸挑满，把家里蒸下的馍拿过去，还要招呼人随时去看他。

张买女病重时，我用板车把他拉到卫生院，让医院给他诊断、用药，给他输液、吸氧。那是一天下午，张买女在几次呼吸将止后醒过来，望着我动着嘴唇，像是要说什么，他一辈子哑巴说不出话，眼泪急着长流，然后人就走了。

我把张买女拉回到他那个小院，叫了些妇女来帮忙，先给他细心地剃了头，洗了脸，再把早几天为他置办的寿衣一件件地穿好，接着就筹办丧事。有儿有女的怎办，就给他怎么办。乡亲们这时都来帮忙，我就雇了辆拖拉机，上县城给他买了副棺材。棺材抬到拖拉机上，我才发现忘了带绳子，一路上怕车一走动会把棺材滑了下去，我就站在车厢上抱了棺盖稳住，就这样一直运回了西沟。

安葬了张买女，有的人就很感动，说我能给一个没儿没女的人这样办葬礼，是实心为大家办事的好干部，是个好共产党员。

可是在我心里，对张买女，我只尽到了照料的责任，我没法给他更多关心，他比我小不了几岁，一生穷苦，说不出话，也见不着笑。我是一直想让他活得像个人，帮他从死掉母亲的阴影里走出来，像村里其他人一样过活，他有劳动能力，肯下苦，手也特别巧，可是我根本照顾不到这些，只能是饭食供着他，有病了带去医院看，这都是很简单的事，我举手就做了的事情，可是乡亲还是要夸我。

我在西沟五十年了，一山一石，一草一木，我都熟悉，这么多年我的理解是，村民的心眼是最实最简单的了。你是干部，你只要心里想着他们，为他们做一点事，他们就记着了，甚事都反过来帮你，你要装不下他们，他们也就装不下你。

人心都是肉，能有多大区别？你为百姓办实事，是一点一点都会被检验的。

1996年，
忠孝难两全

我的丈夫张海良在这一年去世了。我接到孩子的电话，跑去长治的医院，他得的是绝症，肝癌晚期。我和孩子在医院侍弄了他两个月，我跑到省城请名医来给他看病，一点都不济事，癌细胞都扩散了。

中秋节，我把他接回西沟家中，他都滴水不进了，靠滴水和吸氧维持。最后他就走了。

从1946年到1996年，我和他结婚五十年，这是待在一起最长的一次时间了。

这五十年我只顾在西沟滚爬了，没有做好一个媳妇，也没有当好一个母亲。

我的三个孩子，一个儿子，两个女儿，对他们我没有尽到一个母亲的责任。

张海良他是个好人，孩子的事他都操心，他都管着，他对孩子做到了一个父亲应该做的，我没有做一个好母亲。

几个孩子都受了苦，没受到照顾，但都很好，都是好孩子，他们都理解我，从小到大，都理解我。

人家过年，我在猪场养猪呢。江平，那会儿还小，跑过来叫我："娘，人家都过年呢，你不往家走，奶奶叫你回家呢。"我说："你快走吧，娘看猪呢，要是狼吃了猪，我怎交代呀。"

江平就自个跑回去了。

后来，孩子大了，常常抽空跑来看我，可他们每次回来，别说吃上娘做的饭，见都见不上我人。我要顾孩子顾家，我还不是个好母亲？我哪能顾上孩子顾上个家呀，我连自己还顾不上呢，连饭还顾不上吃呢。孩子也是理解，他们都懂道理，没有给我找过麻烦，都支持我这个娘。

张海良从部队回来后在长治城建局工作，我在西沟工作，他想要调我的户口到长治，我不愿意脱离劳动，他就支持了我，要没有他的支持，我这个劳模、人大代表就当不到这会儿。

婆婆在家也支撑我，我和她一起生活了五十年，年轻时候她照顾我，老了我照料她。婆婆是个好人，她对我有恩。她得了眼病，看不见了，她在村里的三儿子，见我经常要开会，整天操心村里事，就提出来要把婆婆接过去伺候。婆婆咋都不同意，非要跟我一起过。

她对我说：“纪兰呀，你是觉着我眼瞎啦，就不要我啦！”

我说：“娘！我可没敢这么想！只要你愿意，我就伺候你到老，咱哪儿都不去啦！”

最不容易的还是孩子们，长这么大，没有受过我一点照顾，各受各的，没为难过我一次。

每次回来看我，我饭给他们做不了，还说他们，严格要求自己，要求别人做到的自己一定要先做到。

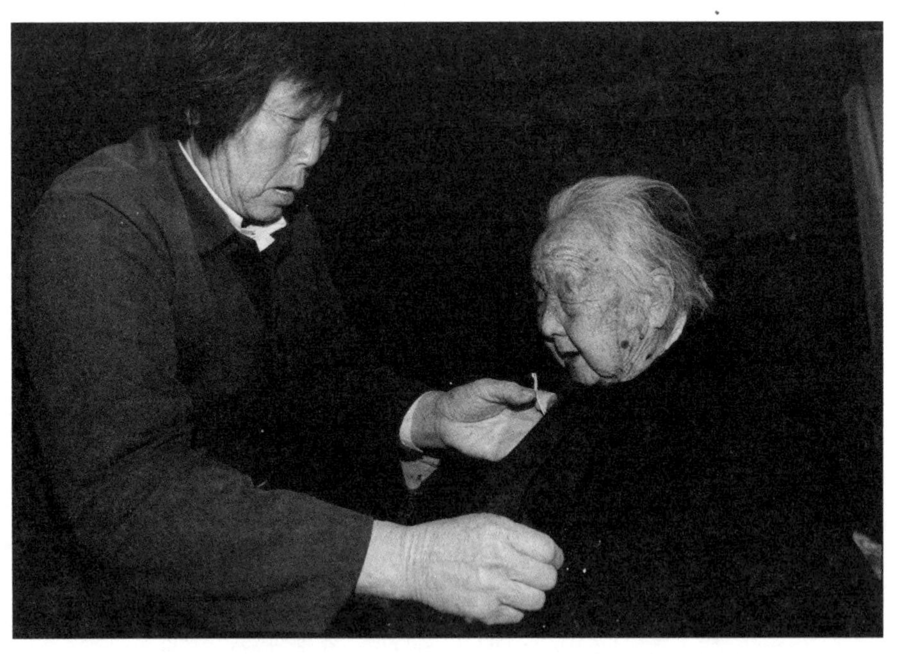

申纪兰伺候双目失明的婆婆。

要是为私来，我还看不了个孩子？这是最低标准了，是个女人还看不了个孩子？做不了个饭？

一个人尽忠尽不了孝，两全其美就不是咱干的事情，咱干不了。做点实事，办点好事，也是尽了自己能尽的力。

都是心里话呀，我酸甜苦辣都在肚里头装着呢。要说是分开公和私，分开大和小，大是党，小是自己，我都分清了。

一个人，又不是个神，你要是私心重了，就不要当干部，私心重了就不是好干部。

做一个合格的干部，你就得为群众服务，为人民干事，这可不是一句话，真要做到不容易。

1997年，
核桃露厂投产

1994年那会，我就带着张高明、张文龙为给西沟上个企业，去介休市找过张蛟龙。张蛟龙是西沟人，以前是平顺县石油公司经理，工作干得好，上调到介休石油公司任经理。张蛟龙就给我们介绍了李安民。李安民有个安泰集团公司，他是全国有名的企业家，也是全国政协委员。他见了我就说："老大娘，你一个老劳模，能来找我，我很感动。"我说："我来向你们学习走出山沟沟，办个企业，致富山区。"

他就问我："你们那里有什么资源？"

我说："树多，果树多，核桃树特别多。我们有三万株核桃树。"

他说："你就可以搞个核桃深加工，资金我们先出一百万元，我再给你们从北京请个技术人员，办个核桃露厂，你看咋样？"

就这样，1995年在北京参加全国人大第八届三次会议期间，我们就和安泰集团公司在北京签约了。

申纪兰（右）与李安民（左）交谈。

1996年核桃露厂开始筹建，1997年就开始生产了。

核桃露投产时，这个李安民就来了。大家坐在一起要给核桃露起个名字。

他问我："这个核桃露咱们叫什么名字？得有一个牌子，像商标一样。"

我说："就叫西沟核桃露呀。"

他说："为什么叫这个呢？"

我说："西沟是李顺达领导下的一个有名村，就以西沟村为名，这是一个全民的名字。也是在为西沟人谋福呢，叫这个很好。"

他说："我考虑你这个名字不合适，西沟其他地方也有嘛。还不如叫纪兰核桃露。"

我立即说我不同意，我说："把一个核桃露印上我的名字那成甚了？这核桃露要是卖到全国去，到处都是我的名字像个甚呀？我不同意。就叫西沟吧，这个是大家的，这个无所谓。"

大家就僵住了。

李安民就说："用你老劳模的名字，是让大家喝起来放心、踏实，你是全国劳模，这么多年的人大代表，又是在为西沟人办事，你的名字用上最好了，也是艰苦朴素的象征。"

大家都说了用我名字的好处，但我一直没想通。

这事过去没多久，我最后还是想通了。人家出了钱，北京的技术人员无偿支持，大家伙一直为这事忙了一年多，不就是要用我的名字吗？我不比明星长得俊，但我这个人靠得住，打纪兰牌就是打诚信牌。只要是规规矩矩经营，老老实实纳税，只要对群众的增产增收有利，这个企业好，对集体好，对西沟人有利，叫就叫吧，我就同意了。

后来我们去做商标的时候，在工商局就做成了纪兰核桃露。

1997年还有一件事，那就是我们铁合金厂二号炉也投产了，这次投产，为了跟上市场变化，我们对生产的产品进行了调整，我们把二号炉改造成为电石炉，生产电石产品。这一改，我们第一年税收就达到六十万元，第二年就到了八十万元，解决了西沟近百人就业问题。

1998年（上），跟上形势不容易

1998年3月，我在北京参加第九届全国人大第一次会议，这时候，我成了全国唯一一个从第一届到第九届连续九届的全国人大代表。

一开完会，记者们围过来问我，一届人大与九届人大有甚变化？

我就说："我是代表，就说代表。代表的结构不一样了，现在的文化程度就特别高了。以前的代表，比如像李顺达同志，像郭玉恩，像我，都是个小学生，连个初中生都不是。现在，大学生、研究生都有了。人大代表的素质提高了，能代表我们社会的发展，能代表国家的进步。你要说导弹也好甚也好，没有科学人才就是不行。"

这次会后，薄一波同志专门请我到他家吃了一顿饭，在吃饭的时候我说："薄老，现在第九届人大，老人怎就剩我一个人了？国家这几十年变化太大了，我吃足了劲，跟都跟不上了。"

薄一波同志说：“纪兰，风风雨雨几十年，你走过来，不容易呀，你是一个真正的共产党员。”

第九届全国人民代表大会第一次会议期间，申纪兰接受中外记者采访。

1998年（下），
我不懂，我也不挡道

这年的五一劳动节，核桃露厂要利用这个节日来推销生产出来的核桃露，我就带上人走长治，在长治的大街上做广告宣传，推销产品。我还把我们的核桃露打进了太原和长治的超市。光8月15日这一天，我就跑了长治四五个单位，向每个单位推销了五六吨饮料，还到太原西山矿务局一次销了三十吨。

这些都是为了这个厂能转起来，没办法的办法。我不懂市场经济，只能卖这种说破嘴皮子的苦力。

在西沟办企业办到现在，成的没几个，败的倒不少。这倒让我有了三个总结：一是要有技术人才；二是要会管理；三是要能找市场。市场经济我不大懂，但我要用懂的人，我自己也要学习，要不我这个西沟的当家人就成了西沟的挡路人。

我第一个举措就是辞去了铁合金厂厂长的职务，把经营管理权交给新聘任的厂长，让懂的人去管，去经营，我这个老太太能帮上个忙就行了。

我第二个想通就是，要想让西沟的形象真正走向全国，让西沟人真正有发展，不能只在本土上折腾。小地方小眼光，真正要做一番大事业，还必须带着西沟人走出山沟，到城市的大市场中锻炼。

1998年，山西纪兰商务有限公司在太原成立，雷汉龙任总经理，张键是副总经理，都是专门的管理经营人才，西沟人也走出了山里，到大城市去锻炼。

市场经济太活了，不好掌握。这会儿行，等一等就不行了；你干上了，它不好，可你不干了，它也许就好了。不像种田，种田花了力气就能见效，搞企业花了力气可就不一定能见效。对于这个情况，我一是跟上学，二就是不懂，我也不挡道。

1999年（上），
省里给我配的车

两年前，省里拨专款配给我一辆桑塔纳小车，我用不着，也不要，两年都没去提。

这年省里的干部捎话说，车要涨价了，不赶紧提车，涨价的钱就不好解决了。乡里、村上都动员我，不管怎先提回来，又不用自己花钱，那可是十来万块钱呢。我想这也让省里干部为难了，就答应把车提了回来。

车提回来后，我又不会开，村委会便又商量要给我配个司机。我一个人要出去办事，坐公交，搭顺车都很方便，也习惯了，现在还要搭上另一个专给我开车的劳力，我不同意，就把车锁进了乡政府的车库里。

几个月后，大家又说车不用会放坏的，我也觉着这样不好，就让他们临时找司机，不专门配司机，而且不是我一个用，是乡上村上用，他们同意后，我还定了个原则：不能用车办私事，谁用车谁想法加油。

刚立下规矩，我亲侄女出嫁，小叔子就来找我要车送亲。

我说："车我倒是有，可我不会开。"

小叔子知道我是啥意思，转头就走了。

小叔子会开车，前些年，总想找个正式工作，求过我好多次，也跟我吵过，但我没法为他的工作去找谁说话。我就说："我自己都还是农民呢，我能替你找下工作?种田就不是工作了?"

前些年，有人背着我帮忙给小叔子办了"农转非"，户口一下落到了太原市，工作安排在运输公司。

我一知道这事，就跑去找那个办事的人问他：

"西沟那么多人，为啥只给我弟转户口?"

那人没话回答我，几天后，小叔子的户口又回到了西沟。

小叔子为此好长时间不理我，我也不在乎，该到他家吃饭还去吃，毕竟是一家人，小叔子也不会记恨我，他这个人读过书，在外面也跑过，觉悟不低，慢慢地他就理解我了。

1999年（下），
西沟的“五年规划”

1999年西沟的“五年规划”，选了“弘扬本色，发展绿色，创出特色”这三个发展重点，把开发绿色产业当成西沟的特色来抓。1998年在省城太原开办的“西沟人家”，今年又开办了“西沟人家”二部，经营得都很好。

1999年西沟村的经济总收入达到一千四百万元，企业产值二千二百零七万元，农民人均纯收入达到二千零一十元。村里建起了展览馆、纪念亭等九处省级爱国主义教育基地；安装了闭路电视和程控电话。全村办起四所小学，加之县职业高中、乡办初中外，成人文化技术学校、党员市场技能培训中心也定期开课，使全村形成了全方位的科教兴村网络，85%的农户成为“十星级”文明户，西沟村已成为省级高标准党总支和精神文明建设先进单位。

2000年，

在第九届全国人大三次会议上接受记者提问

他们问我参加了第九届全国人大有什么感想。

我就回答："新中国五十年来，有许多全国人大代表都比我做出了更多更突出的贡献。我只不过参加第一届全国人大时比较年轻，那都是靠党的培养啊。就说我们山西，也有一些优秀的全国人大代表，像大寨的郭凤莲，还是全国人大常委会委员。我们的联系比较多，除了全国人大一起开会，她来过西沟不止一次，我也多次去大寨。全国各地的农村人大代表，都在努力建设社会主义新农村。"

他们又问我一届到九届的变化。

我说："我从1954年第一届当人大代表，开到现在，我感觉国家变化太大了。从我自己来说很受教育。人大代表代表人民当家做主，人民代表大会行使国家权力，决定国家的大事，作为一个人大代表有多么光荣，责任又是多么重大！五十年来，我国的人大制度有了很大变化，我感觉到人大代表的素质也越来越高，人大代表的面儿也越来越广了。现在开人代会虽然会期不断缩短，但民主气氛越来越浓，需要审议的事情越来越多，代表们越来越能畅所欲言。我觉得每开一次全国人民代表大会，既是一次学习也是一次提高。我们的国家就像芝麻开花节节高，日子一年更比一年好。”

从第一届到第九届，老劳模中就剩我一个人了，这是国家进步了。一个靠在地里劳动的大国，在向科学技术方面发展了。我能一直当这个人大代表，是因为我坚持在了西沟，不服老，也歇不下，跟着一群年轻人创业致富的原因。

邓小平同志是我们国家改革开放的总设计师，他拉过我的手，他说贫穷不是社会主义。还在1985年的时候，平顺县还是国家核定的全国四百九十二个年贫困县之一，西沟更是贫穷。李顺达把旧西沟变成了新西沟，我想把新西沟变成富西沟。

2000年的五一国际劳动节，我作为特邀劳模，出席了新千年第一次全国劳模大会。

在天安门广场，我和参会的女劳模们合影留念，她们都很年轻，她们都是国家各个战线上艰苦奋斗、积极进取的人才和模范。我们的国家更强盛了。

2000年，申纪兰与全国部分女劳模在天安门广场合影。

2001年，
建党八十周年

2001年5月，全国保护母亲河委员会授予我“保护母亲河奖”。我领了这个奖，但这个奖应该是颁给我和李顺达，还有一块为改变西沟做出努力的西沟人的。颁奖的人说：

“西沟曾是光山秃岭乱石沟，生态环境十分恶劣。为了改善生态环境，全国著名劳模李顺达、申纪兰带领村民坚持不懈地进行植树造林和小流域治理工作。通过几十年的艰苦奋斗，两万亩荒山荒坡变成了绿色家园，生态环境大为改观，走上了可持续发展道路。”

中共中央政治局常委、全国政协主席李瑞环在颁奖仪式上给我颁了奖，还向每位获奖者颁发了获奖证书和两万元奖金。

我回到西沟，要用这两万元奖金给村里打一眼机井。

村书记张高明说：“申主任，你的心情我们领了，可钱还是你自己留着。咱西沟还没有穷到要劳模卖奖章的地步。”

我说：“这是奖金。咱怎就该得这个奖？还不是因为西沟种树来。种树不是我一个人，西沟谁没有种树？这个钱我不能花。咱们西沟水还是缺，多打一眼是一眼吧。”

村委主任周建红说：“话不能这样说。他都种树来，你是领头人，就该奖你。再说，打井的事，你朝我和高明说，不用你拿钱。”

我就说：“你们怎这样不听话哩？嫌（钱）少哩？不添斤，也添个两呗。”

张高明和周建红怕我生气，这才接过钱，请了打井队来。

机井合闸那一刻，水从管道流出来。

马俊召拉着我说：“纪兰啊，你年轻时候不把自己当年轻人，现在老了，反倒把自己当年轻人了。纪兰啊，亏了你了。”

我说：“亏甚？遇到好时候做甚也不亏。”

2001年7月1日，中国共产党庆祝建党八十周年，在人民大会堂，我被表彰为全国优秀共产党员。

这年春节，长治市委理论学习中心组会议开到了西沟。

长治市纪委监委全体党员赴西沟廉政教育基地举行廉政宣誓仪式。

2002年，
铁合金厂三号炉建成

2002年，铁合金厂筹建三号炉，3月开工，5月投产，工期三个月，大家抢着时间干完的。

当初筹建三号炉的时候，周建红就和山东一位老板谈过投资的问题。那位老板很肯定地说，那不行，你建不起来。现在眼见得三号炉三个月建成投产，山东老板后悔了。他找到周建红说："我给你二百万（元），建成的产品算我的。"

周建红拿到这笔资金，马上就建了四号炉，10月投产。这样，西沟的电石生产就有了一定的规模。企业上缴的税收和费用，说大数五百万元。西沟有两百多人在企业上班，工资总额达到一百多万元。

眼见年轻人干得这么好，我心里也高兴，有些项目他们跑不下来，我也去跑，资金不够我也跑，供电问题我也去。我给张高明和周建红说："有些地方我说话比你们起作用，需要我出面我就去。咱是为发展哩，又不是弄腐败哩，不丢人。"

2002年，西沟铁合金厂三号炉建成，四号炉奠基。

2003年，
第十届全国人民代表大会

2003年3月5日，我又当选了第十届全国人大代表，去北京参加第十届全国人大一次会议。

在开会的时候，一个人来找我说："我在电视上看到你还是人大代表，就特别想来见见你。"

我不认识这个人，就问他："你是个谁呀？"

那人笑了，说："一届人大的时候，我是给山西代表团开车的司机，那时候就认识你。忘了？东四旅馆。"

他一提东四旅馆，我忙握住他的手说："你这会儿在哪儿？干甚哩？"

他说："我复员回了山东老家，跑了几年车，现在闹了个企业。"

我说："那可算活哩，你可快富吧。你富了，我听着也高兴。"

2003年，申纪兰参加第十届全国人民代表大会留影。

那人临走时说："我要向你学习。十届全国人大代表，太不容易了。"

我说："你也不容易。咱都不容易。"

就这么一个人，我倒记不起他的名字，说起东四旅馆的事，那是五十年前的事了，我心里倒有些暖暖的，我都跟着国家开了半辈子的会啦！

开完北京的会，我回到西沟，村民王军亮送来几筐鸡蛋要感谢我。他2003年在村里办起养鸡场，因"非典"、禽流感的影响，鸡蛋跌到三块二毛钱一公斤，过不下去了，鸡场也不想办了，我上门鼓励他坚持下去，给他找了资金渡过难关。后来形势好转了，鸡蛋卖到六块六毛钱一公斤，翻了一番，王军亮一下就过活了。他现在养鸡六千只，成了全县最大的养鸡户，年收入有四五万元。他为感谢我，就想各种办法感谢我。我可不白吃他的鸡蛋，最后一斤不短给了他钱。这样的事，在西沟一万件都数不完，群众总是好心，你做一点小事他都会惦着你。一个人私心少一点，心里要时刻装着老百姓，想到群众的利益、群众的疾苦、群众的需要，这个干部就很好当了。

在第十届全国人民代表大会上，申纪兰与代表们合影。

2004年，“三农”问题

2004年，第十届全国人大二次会议召开前，我就准备了两个议案：一个是反映“三农”问题的，建议解决农民关心的事；一个是建议整治黑网吧，让整天流连于网吧的孩子们回到学校去。

围绕农村越来越多的土地纠纷，我还递交了保护土地的议案。

中国人这样多，土地可是命根子。没有地种庄稼，大家吃甚？我们那时候开出点儿地来多不容易。现在，说占就占了。有很多人都不知道保护土地，就知道占地盖房：农民占地，干部占地，国家也占地。我递交了保护土地的议案，连国家土地局都给了答复。

关于新农村建设，我又递交了保护耕地的议案：建设新农村不能光占地，一味盖新房，太浪费，得把老村改成新农村才行。一句话，社会主义新农村建设，不能侵占耕地。

这些问题也不是我个人能想出来的，一个是我自己下去了解到的，二个就是全国各地近几年跑来西沟找我的人太多了，这些人中反映最多的就是土地问题和司法问题。

我问他们，你们不会找你们当地的人大代表呀？

他们说，我们找不到呀。那些代表都是领导，我们找到也见不上。就你最好找，到了西沟，一下就找到了。

他们跑那么远的路，我只得接下来他们的材料，不少人反映的情况很严重，可我哪里管得了呀。我归纳了一下，最多的是司法不公，还有就是征地损害了农民的利益。我也没办法替他们解决，只能等着有机会把他们的材料转交给有关部门。

一次，有三个外地妇女找我来申冤。一来，就跪在了地上。我安排她们吃了饭，在村里住下。第二天早上，我一开门，见她们又齐刷刷地跪在门口。我赶忙把她们扶起来，说："你们不要跪，我是人，又不是庙里的泥胎。你们可以把材料留下，我一定帮你们反映。"后来到省里开会，我找到她们那里的一位法官，把材料转了过去。

吕梁山区有一位妇女，丈夫吃了冤枉官司，告状无门。在电视上看到我和省领导开会的镜头后，坐了两天车找上门来。我知道她实在没办法，不光招待她吃喝，还给了她一些钱让她当路费。

他们大部分都是遇上不好解决的难事，通过看报纸、电视，知道我参加了全国、省里的人大会，和中央的、省里的领导在一起，想着找农民代表能说上话。

人大代表，是一条反映问题的渠道。

2004年，申纪兰在首都各界纪念全国人民代表大会50周年大会上。

2005年，
盖房

2005年，我住了三十年的那三间平房再不能住人了，邻家也要重盖，我们共用一堵山墙，也只能重盖了。

我拆旧房那天，村上的人都来了，刮砖的刮砖，整理的整理，院里还站满了人。

我说："你们都该忙甚忙甚吧，咱用不了这多人马。"

大家就喊说："你平时没个事，现在修房盖屋哩，叫我们也尽尽心，该着了。"

张高明和周建红还找我说："申主任，你盖房所需的椽檩就在西沟的山上砍吧，你栽了一辈子树，该着了。"

我说："该着甚了，群众盖房需要可以去找几根，干部不能砍。干部一砍，那就乱了。"

买檩的那天，我去了长治木材公司。公司领导知道是我用，就说：“申主任你随便挑，一律给你打折。”

我说：“咱该怎是怎，我是图个料好，可不是为了省钱。”

料选好了，一伙赶毛驴车的人围过来要装车。又有人认出了我，要给免费装车拉回去。

我是西沟第一个使用新接生技术为人们接生的人。那个老接生箱现在还留着呢，西沟四十来岁的人，有一百多人是我给接生下来的，很多他爹是我接生的，他儿也是我接生的呢。直到我为西沟跑下个医院项目，有了医院，我的接生箱才不用了。

他们都不忘我。

申纪兰帮助残疾村民张建荣建房。

一次，张建荣盖房摔伤了腿，我把他送往长治的医院。车到邻县的黄牛蹄乡，有“路霸”拦车。我跳下车大声喝道：“你们要干甚？车上有重病号！”拦路的人中有人认得我，领着那伙人就跑了。我把建荣送到医院，治了他的腿。

他们也都怕我。

也有人来我家，想尽办法想让我给领导添点好话，美言几句，能使自己的进步快一点。

还有公司来聘我，一个月给我发几万工资，就为让我替他们跑车皮，拉项目，打通关节。

他们都看错了我。

2006年，
我对党是一颗忠心

有人说我盖房子，死脑筋，自己栽了那样多的树，还不该使上一根椽？

我说，那“老包”是在舞台上，咱是在生活中。那些树，老李死了看不见了，我看见喽，我还能说，不要祸害了就行。群众需要可以砍，干部不要砍，一砍开就不行了。

这些年我遇到多少事，看过多少人，想当一个干部，十件事九件办好了一件没办好就有闲话，说甚的也有，听不下也得听，硬咽哩。

要做一个合格的党员干部，可也真不容易啊！有的人，不让腐败他要腐败呀，他要没有权，他怎腐败呀，权是为谁服务呢，权是为谁掌呢？

这就得问问自己为甚，你怎当上这个干部的，人民选你当的，党信任你当的，当上了你就违背党的原则办事，不给人民办事，这就叫个合格？

党的事业，真是一代一代需要好领导呀。

咱们是在农民当中，不是高级干部，可是咱有名气了，责任也一样大了。

可这名气是谁给的，享受是谁该享受呢？名气是党给的，名气是人民给的，不是你自己有多大本事，这个我倒清楚呢。

让你为人民服务了，你就为你家庭服务了，那你就是个家长，就不是领导。

家里头不满意你不怕，就怕社会不满意你，党不满意你，人民不满意你。

人要有私心就当不好个干部。

共产党这些年走得不容易，我跟着走也不容易。

要叫我说有水平的话，我说不了，我就是跟党走，就是听党的话，党叫我干甚我干甚。

没有共产党领导，没有个好环境，就谈不上甚同工同酬，我这个农家妇女，也没有今天。

我文化不高不办坏事，素质不高，不办违纪的事。

五十年，我没有领过大队一分钱补助。

我对党是一颗忠心，事没办好是没水平。

下至农村上至国家的大事，我都要举手哩。要不说句公道话，还叫甚个人大代表?

多大的领导我见过，多大的困难我遇过，我就是豁出命要走在前面。

2008年，
第十一届全国人民代表大会

2008年3月，我又当选了第十一届全国人大代表，在北京出席十一届人大第一次会议。这次会议核心就是建设社会主义新农村。这对我压力很大，带领群众奔小康，前途很光明，路也没那么好走。对我来说，要盖好房还可以，经济要上个新台阶，我们就要九牛旁拖，各个出力，总是给群众增加收入，这是一件大事。这些年西沟一直在做，可是成绩不好，我还是歇不下。

这次大会期间，许多记者又来问各种各样的问题，我都回答了他们。

他们问，你既是全国劳模，又是人大代表，这两个身份所肩负的责任有甚不同？

我说，我当了五十年的劳动模范，主要是带领群众艰苦奋斗，建设山区。开始我们西沟村特别穷，“金木水火土”甚都没有。我们听党的话跟党走，绿化荒山五十年，现在我们的石头山上都长起了树，两万多亩树，很不容易啊，种上后失败了再接着种。我觉得劳动模范就是要起劳动带头作用。在旧社会怎就没栽上树呢？因为没有共产党，没有好的领导，可我们现在就把整个荒山都绿化好了，荒山变成了“绿色银行”。当时群众觉得不能干的事情，我们把它干好了，群众也就满意了。

全国人民代表大会是中国的最高权力机关，人大代表和劳模不一样，人大代表应该广泛地代表群众利益，让人民当家做主。我作为一名妇女、一个农民，能当上全国人大代表，能代表农民说话，能给农民办事，很光荣也很神圣。如果没有共产党，就没有人民当家做主的权力，更没有我发言的机会。我当这么多年代表，就是代表农民说话。作为人大代表，反映群众呼声也是应尽职责。每次开人代会时，我都注意将农民的真实想法反映上去，应该说有作用。党中央和全国人大常委会，都将农民放在重要的位置。历任党中央领导人，也都注意听取我们农民代表的意见。因为我是一个老代表了，江泽民总书记、胡锦涛总书记参加会议时都特地过来，问一问我们有甚意见和看法。我们也注意将农民的意见提交上去。平顺紧邻河南省，附近几个县包括河南林县经常有人到我家来送材料。我没有甚文化，但都耐心了解，有的解释，有的上下沟通。比如退耕还林，上世纪九十年代时有一条政策，就是二十五坡度以上全部退耕还林。我们西沟大多数土地都在二十五坡度以上。怎退，退了农民吃甚？前几年在全国人大小组讨论时，我就提出这一点，说了自己的看法。胡锦涛总书记说，作为山区来讲既要因地制宜，也要保证粮食自给，这一点很重要。后来中央下达的文件就强调因地制宜，25度坡地退耕还林不搞“一刀切”了。党中央是非常重视我们农民代表意见的。

他们问我，连续十一届当选全国人大代表，你觉得靠的是甚？

我说，靠的是说老实话。要是人民不信任我，要是没有人民代表大会制度，我作为一个农民怎当十一届人大代表？有很多群众从各地来找我反映情况，我觉得每一位代表都是成千上万群众选出来的，应该代表当地人民群众的利益，大家都能为百姓代言我感觉才满意，光靠我一个人哪儿行啊。我只是来自山西的一个全国人大代表，其他地方的人大代表都应该为人民说话，这就是发挥人大代表的作用。咱当人大代表，也就是要替群众办事，替群众说话，只有做到这些，才是个好代表。

他们最后问我，当这么多年人大代表有甚成功的地方？

我说，对我个人来说，没有甚成功和失败。从我加入中国共产党的那天起，从我当全国人大代表第一天起，我的人生追求就同党和人民事业的需要连在了一起。现在这些说法可能在有些人中不时兴了，可我一直真的是这样想的，也一直真的是这样做的。党给了我一切，西沟土地给了我一切。我只不过是认真按照党的要求，做一个真正有社会主义觉悟的农民代表罢了。

2008年6月26日，奥运火炬开始在山西省省会太原传递。担任当天第三棒火炬手的，是有“常青树”之称的全国劳模申纪兰老人。作为一名奥运火炬手，身体硬朗的申纪兰老人每天早晨都要绕西沟村跑两个来回，傍晚慢走三到四个来回，以便增强腿的耐力，同时，她还动员身边的人参与奥运、关注奥运。

2009年，
习近平副主席来到西沟

2009年5月25日，国家副主席习近平同志，在省领导张宝顺、王君、薛延忠等陪同下来西沟视察工作。习副主席参观完西沟展览馆，和西沟的老党员、老劳模、大学生村官、村民代表进行了座谈。

2010年，
我的感受

有个德国的记者采访我说：“你在中国解放妇女，我们德国的妇女也需要解放呀。”

我说：“我没能力解放妇女，中国妇女是中国共产党解放的，男女同工同酬也是在中国共产党领导新社会下才成功的。解放妇女，解放她们的劳动力才是第一条，这刚是个开始，需要做的还有很多，这是个长时间的事儿。”

他就看着我笑了。

对于五十年前那次男女同工同酬，我的感受是这样的：

我1929年出生，在三个旧农村生活过，那时的实际情况就是，我们家里有个男人吧，谁来找来，问有人没有，本来我就是个人，我就说没有，不在家。一个家，男人不在就没人了，你们想想我们多难呀。我在西沟争取同工同酬，是解放妇女的半边天呀。我也是真正遇到了好时候，要是没有共产党，也解放不了，要没有社会主义，也解放不了。

一个家，在家庭显不出你的劳力来，不算你个人。

还有一句话，家里男人不在了，就是刚生下个孩子，是个男的，他就能落户，我们这个女的落不了户。我在西沟和妇女们一起争取同工同酬，后来记工就记上申纪兰，我劳动了还能给男人记上工？

转转折折的，这都是封建思想的斗争，也不是男人和妇女的，是封建社会遗留下来的，看不起妇女，妇女自己也看不起自己。在政治上受压制，在经济上受损伤。劳动，不承认你是个劳动人；在家里，你不算个人。没有共产党，就没有新中国，也没有妇女的地位，我就得出这个结论。

解放妇女是个世界问题，我不是说我做了多大的事，我是走到这一步心里可不容易呀，我就为女人撑腰做主，走出家门，参加社会；走出家门，参加劳动；走出家门，建设社会主义。我这个也不是光为了争功，也是为国家添斤添两。

从建国到现在，有六十多年，共产党领导这么大一个国家发展到现在这个样子不容易，我这六十年跟着党走也不容易。我是个没知识水平的人，劳动给了我巨大的荣誉，党培养了我，李顺达带着我，西沟百姓支持我，我走到了今天。共产党这些年是摸着走，把一个十三亿人口的国家带向富强，多难呀！没有了公社，我在西沟领着大家致富办企业，一摔一个跟头，多难呀！没有在旧社会活过的人，很难理解我心中的恩情，也不会想到我们这个国家是怎走过来的。我1953年加入中国共产党，我就是一名共产党员，我当这个干部，就得为党为国为人民服务。我还是那句话，你要有私心，就不是当干部；你要当一名共产党员，就要为人民服务。实践是检验真理的唯一标准。这个唯一标准就是你干的事情，哪个对，哪个不对，才能总结出你自己这一生到底是甚人，为人民，还是为自己了，一心向党，还是私心太重了，最后的结果就在这个上边呢。

有记者问过我："你这一生要用两个字来说，是什么？"

我说："忠诚。"

我忘不了共产党，忘不了李顺达，没有他们就没有西沟，就没有我申纪兰。

在这条路上，就像薄老说的风风雨雨，我这个腿疼也是个教育，不疼了就赶紧走，疼起来我慢点走。哎，走走它就不疼了，我想这个越走越好，我这个老了，还得走。